# 西山さん家の宏太朗くん

・落書き」禁止
化を推進し、
の良い街を
作りましょう。
東京土木技術センター

KAIKER
Helinox
Cycle Zombies
CHUB CHUB
CHUB CHUB
CHUB CHUB
PILFER CHILE OZONE
PILFER CHILE OZONE
PILFER CHILE OZONE
RICKS RICKS
DICE
surge
VANDAL
CHUB

GRAPEFRUIT
MOON

KIRA
2
TAKE FREE
MESSAG
for KOUTAR
フォロワー数急上昇中
ウワサのnishiyamagra
話題のあの人に100個の質
声優・西山宏太
好評連載
こうちゃんの4コマ劇場
気になるお仕事に密着
JUNON
アザーカット
独占公開！
西山のLOVEもの
KC—Koutaro's T-shirts Collection—

⑤
⑥
⑦
BEAUTY SELECTION SERIES
セーラーマーキュリー
⑧
LOMO
⑨
㉘
㉗
First Kiss | Aya Mats
㉕
⑩
TAKASHI FUJII
World Tour 2005
㉙
㉖
マシューのえほん
～アンデルセン・ボックス～
⑪
㉔
シーチキン
マイルド
㉓
⑫
⑭
⑬
牧場の朝

# 西山宏太朗のLOVEなもの

## 1 朗読劇　私の頭の中の消しゴム／岡本貴也

登場人物は男と女のふたりだけ。日記形式で物語が進んでいきます。朗読劇を見た後、この本を購入し、養成所からの仲間と読みあいしました。愛に満ちあふれた作品です。

## 2 ひだパン／飛田和緒

パンパンパン！　トーストアレンジが盛りだくさんの一冊。おすすめはもっぱらハムとパイナップルのトーストだね！　肉汁と果汁のハーモニーがたまらん。この本の影響でトースターも購入したよ！

## 3 リオン／原作 和田慎二　漫画 島崎譲

女のサバイバルバトル。やさしくも強い女性はカッコいい…。キャラクターの眼力にゾクゾクします！

## 4 5 藤井 隆

大好き。藤井さんと同じ時代に生まれてきたことが幸せです。藤井さんの醸《かも》し出す空気感、作り出すものがとても魅力的です。『Coffee Bar Cowboy』のジャケット撮影地めぐりをして、藤井さんになりきって同じアングルで写真を撮りました。どの曲もおすすめなのですが、特におすすめは、『ある夜 僕は逃げだしたんだ』『Quiet Dance feat. 宇多丸』『素肌にセーター』『幸福インタビュー』…あぁ、やっぱりしぼれない。

## 6 星野 源

奇跡的にチケットが取れて、ライブにも行けたのですが、アコースティックパートが特に最高でした。心の奥底をくすぐられているような音楽とお声。あっという間の贅沢な時間でした。

## 7 セーラーマーキュリー

かわいい。青が似合う知的な女の子って卑怯なくらいかわいい。スーパーファミコンにセーラームーンの格闘ゲームがあるのですが、いつもセーラーマーキュリーの三点飛びの乱用で相手をKOしていました。セーラープルートは鋭利な武器（ガーネット・ロッド）でガシガシ突いてくるので注意が必要。相当手強い。

## 8 ロモカメラ

ロモでフィルムカメラデビュー。プリントするまで、どのように撮れているかわからないドキドキ感も楽しい。被写体絶賛募集中。

## 9 スノードーム

かわいい置物を見て「癒やされる」と思うようになったときに、自分って大人になったのかもしれないと感じた。先輩にプレゼントする予定で購入したのに、どうしても自分が欲しくなってしまい、結局先輩には他のものをプレゼントし、スノードームは自分のものにしました。

## 10 ライブDVD＆グッズ

ライブは発散できる場所であり、リラックスできる時間！　友人たちとライブグッズで身を固め、全力でペンライトを振るライブDVD鑑賞会が超楽しい！！！

## 11 キリン

中学校のころのあだ名が「キリン」中学校に入り急激に首が伸びた。

## 12 食パン

おいしい食パンを求めてパン屋めぐりをしたい。何もつけないで、焼き立てのふわふわの食パンをほおばりたい。小さいころはパンの耳が嫌いだったけど、今は耳もまるごと愛してる。

## 13 ヨーグルト

朝起きて食べ、寝る前にも食べる。ヨーグルトなら、どれだけ食べても許される気がする。というか完全に許してる。

## 14 ベーグル

幼きころ母がベーグルにハマっていて、大量のベーグルが食卓に並んでいた。それ以来、僕もベーグルが好きになった。あのプレーンベーグルの皮にほおずりしたい。スリスリ。

## 15 いちご

まみれたい。ベリーこうたろうベリーになりたい。

## 16 かぼちゃ

西山家の夕食に、かぼちゃの煮物が出ない日はない。母が異様にかぼちゃ好き。いや、かぼちゃを煮ることだけが好きなのか、母自身はあまり食べない。大量のかぼちゃの煮物を最後のひとつまでしっかりと食べきる父。そしてその隣で肉ばかり食う子。大人になった今、無性に母のかぼちゃが恋しい。

## 17 白菜 鍋には白菜。

## 18 フランスパン

おじいちゃんになってもフランスパンを噛み続けたい。

## 19 ニューヨーク・ニューヨーク／羅川真里茂

知らないことばかりで、かなりの衝撃がありました。百人百様、いろいろな考えがあります。文庫本のあとがきまで読んでほしい。ぜひたくさんの方に読んでいただきたい一冊です。

## 20 星やどりの声／朝井リョウ

父親を亡くした７人の家族が様々な苦悩を乗り越えていく話。その中に、「あんたは、お父さんとお母さんの子なんだから。大丈夫だよ」という一文があり、とても感銘を受けました。今でも僕にとって心の支えになっている言葉です。

## 21 トマト

味も食感も好き。小腹がすいたときのおやつにもなる。トマト不足のときは、１リットルのトマトジュースをボトルで持ち歩く。

## 22 ねばねば

ネバネバさせるのも楽しいし、食べていても楽しい。激辛カレーにオクラと納豆を入れるのがたまらない。

## 23 ツナ

大好物。何もつけないでそのまま食べるのが好き。以前、ラジオの企画でどれがどのツナ缶かを当てる「利きツナ」を行った。結果はパーフェクト！　家のストックは切らしたことがない。ツナ缶があることで安心できる。

## 24 パンツ

なんだかんだで、いなきゃこまる「上手下手担当パンツ」、肌触りが最高の「スキル担当パンツ」、そこにいてくれるだけでいい「ビジュアル担当パンツ」、そして何もかもが素晴らしい存在自体に感謝ですという「エース担当パンツ」があります。大切なイベントやオーディションの日にエース担当パンツが駆り出されます。

## 25 くつした

お気に入りのくつしたは穴があくまで履き続けます。穴があいても履き続けます。ちなみに僕の3DSのケースはくつしたです。

## 26 マシュー南

マシューは僕にいろいろなことを教えてくれました。マシューは第二の親と言っても過言ではありません。

## 27 松浦亜弥

どれだけ時がたっても色あせないあややの歌声。それはこれからもずっと。ハッピーな曲から、しんみりとした曲まで耳が心地よい。お気に入りは「オシャレ！」。

## 28 tofubeats

聴いていてとても気持ちいい音楽。やさしいリズムが耳に残り、つい口ずさんでしまいます。MVもスーパーオシャレ。CD購入特典だったポスターは部屋に飾ってあります！

## 29 MY SWEET HEAVEN ♂♀／Gero

ラジオや、その他でもお世話になりまくっているげろりん！　この曲は聴くだけでガツンとテンションが上がります！！　MVの監視カメラに向かって歌ってるシーンが大好きです！　げろりんのライブに行きたいよー！

## 30 レモン

レモンはときめき。味や香りだけじゃなく、レモン柄のものが好きで、集めたいのだけれどなかなか見かけない。レモン柄のTシャツは自分で作ったから、他にも作ってみようかな～！　あと、レモン畑に行くのも夢！

## 31 手嶌葵

手《て》嶌《しま》さんのやさしい歌声を聴いていると、心がぽかぽかします。好きな曲は、猫が人間に恋をする猫視点の曲『恋するしっぽ。』。

## 32 ハロー！プロジェクト

ハロプロなしじゃ生きてゆけない。家にいるときはだいたいハロプロのことを調べていたり、動画を見ていたりします。ハロプロ好きの仲間と話すことも日々の楽しみです。いつだったか、ハロプロの新メンバーとして僕が加入するという夢を見たことがあります。ひとりレッスンについていけなくて泣いたなぁ…。それから朝になって夢だと気づいたときも泣いたなぁ…。

## 33 ガラスの仮面／美内すずえ

お気に入りのシーンは、姫川亜弓の人並み外れた筋力とバランス力が発揮された「ひとりジュリエット」。

## 34 魔法陣グルグル／衛藤ヒロユキ

最強。おならぷぅという言葉を僕に教えてくれた。一時期「おならぷぅ」しか発さなかった時期がある。

## 35 スヌーピー

愛おしい。スヌーピーに癒やされます。

I love it!

## 36 エドワード・ゴーリー／柴田元幸訳

不気味な絵本だけど、絵がとてもクセになる。「ギャシュリークラムのちびっ子たち」ではちびっ子がひとりずつアルファベット順に死んでいきます。

気になるお仕事をJUNONが調査

# 声優｜西山宏太朗に密着！

ところで、お仕事中の西山くんってどんな感じなんだろう？　気になる気になる「声優・西山宏太朗」のお仕事現場。JUNONがデジカメを握りしめ、どきどきの初潜入です！

## イベント

**「みんなの生の声を聞けるのがうれしい」**

積極的にイベントも開催。人気イベント『大井町クリームソーダ』に行ってきました。

「行ってきます～！」とステージに向かう西山さん。楽しいメンバーで楽しいことを始めたいと思ったのが、「大井町クリームソーダ」を結成したきっかけなんだって！

グッズのデザインも担当。めっちゃかわいい。全部欲しい。「だいたいは僕が案を出して、玲於奈と谷口がOKを出してくれたらグッズ化されます！」

「僕らの思う、“楽しい”と“面白い”を追求しています！」。トークありゲームあり無茶振りあり(!?)の、笑いが絶えないイベントでした。ちなみにお客さんは全員クリームソーダを飲んでるんです！　会場の一体感があって素敵♡

## アフレコ

**「幸せな時間」**

声だけでお芝居！　キャラクターに声を吹き込む、“声優”の本業とも言えるお仕事です。

緊張感のある現場にどきどき…。ちなみに西山さんの緊張したときの対処法は、とにかくたくさん練習をすることに尽きるそうです。アフレコって楽しいな！と思うのは「キャラクター同士が生き生きとしているのを感じたとき」。

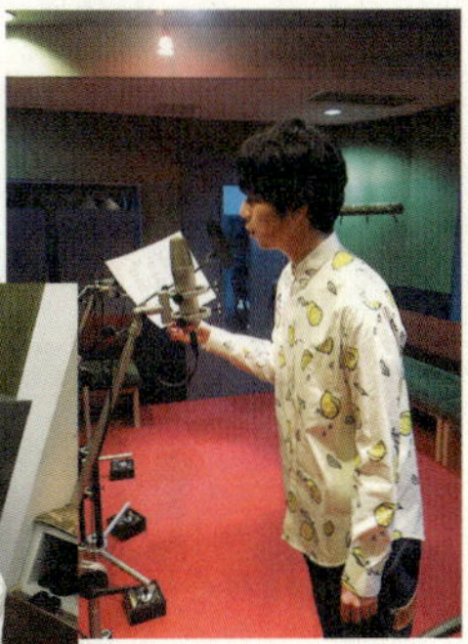

元気に現場入りした西山さん。「マスクは必需品です！　アフレコ直前に飲むものは、朝だったら飲むヨーグルト！　冬はあたたかい飲み物で体をあたためるよ」。

## ラジオ

**「キモチの整理ができる空間」**

終始、素敵な声が飛びかっていました(感動)。息の合ったトークと絶妙な空気感に、爆笑が止まらない『禁断尻ラジオ』(ニコニコ生放送)に潜入。

ラジオの魅力は「離れていても、距離が近く感じられるところ。そういう場であるよう心がけています」。

打ち合わせ中のふたりをこっそり隠し撮り(笑)。「打ち合わせでは、原稿の読み方を確認したりします。スタッフさんとのコミュニケーションの時間でもあります！」

パーソナリティの江口拓也さんと。「普段のリラックスした写真が撮りたいです！」と伝えたら、こうなりました(笑)。リラックスしたアットホームな雰囲気が伝わってきます。

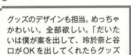

# 4コマ劇場

## ①ムズムズ

## ②表情クイズ

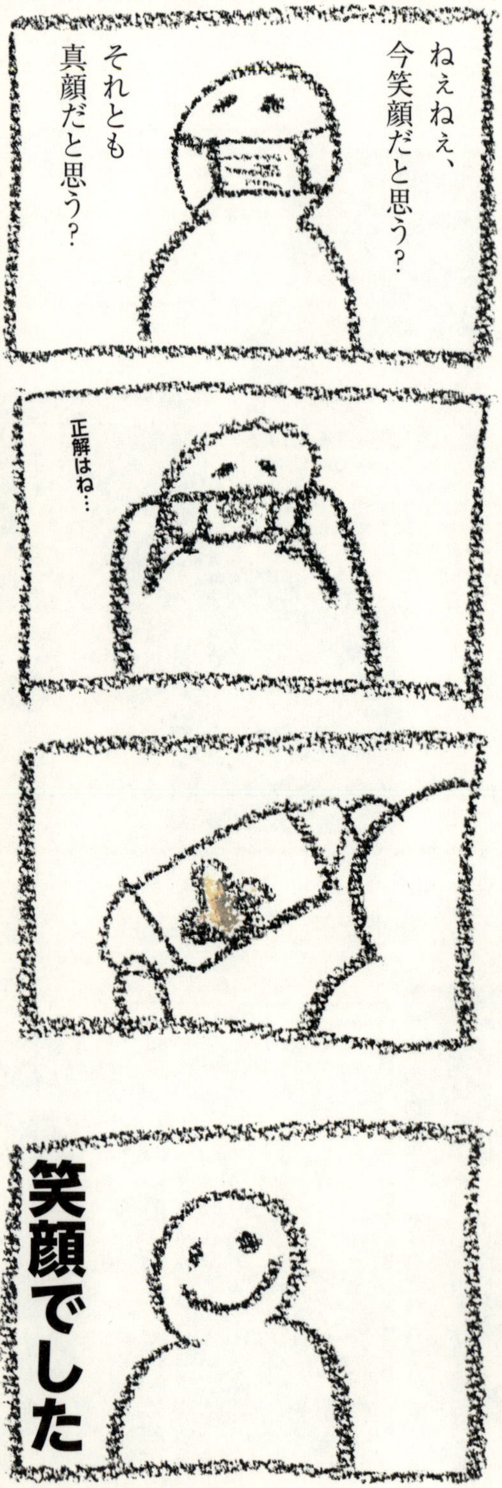

# こうちゃん

## ③人体のつくり

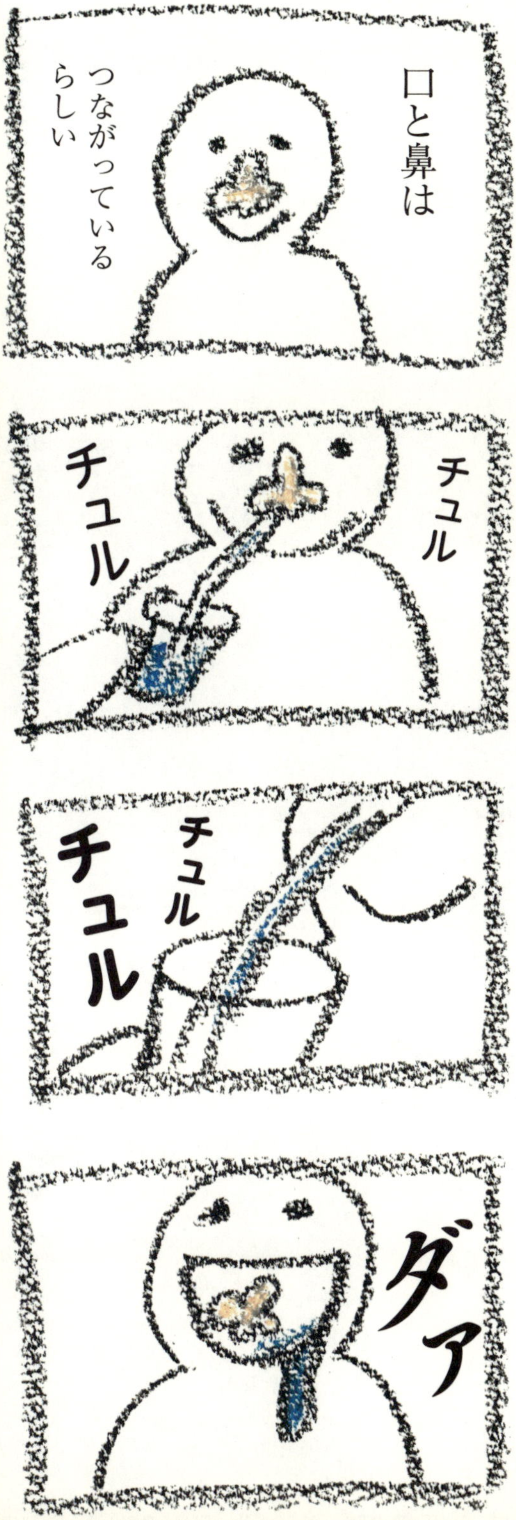


## ④車内マナー

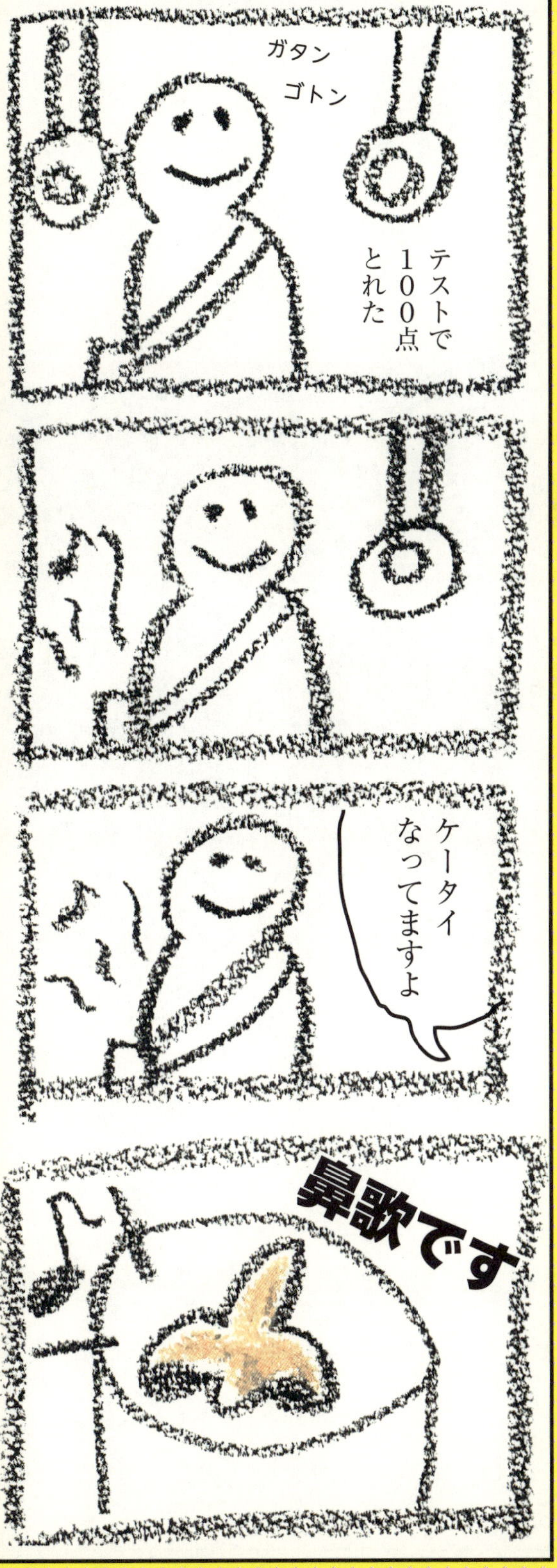

アザーカット＆㊙話大公開!!

# JUNON Meets KOUTARO

この本をつくるきっかけとなった、声優・西山宏太朗と JUNON の出会い。
本編未公開カットと共に、今までの取材をプレイバックします！

2015.7.2 発売

## 声優 JUNON vol.2

### はじめましての取材。すぐにまたスタッフさんに会いたいと思った

とても気持ちのいい日だったことを覚えています。天気が良すぎて、用意してくださった衣装に汗がついてしまわないかヒヤヒヤするくらい(笑)。取材中はとにかくスタッフの皆さんのお心遣いひとつひとつがうれしくて。いい誌面にするぞという結束力を感じました。天気だけじゃなく、素敵な出会いに心もあたたかくなる、とても気持ちのいい日でした。

撮影／杉江拓哉（TRON）

2015.7.23 発売

# JUNON 9月号

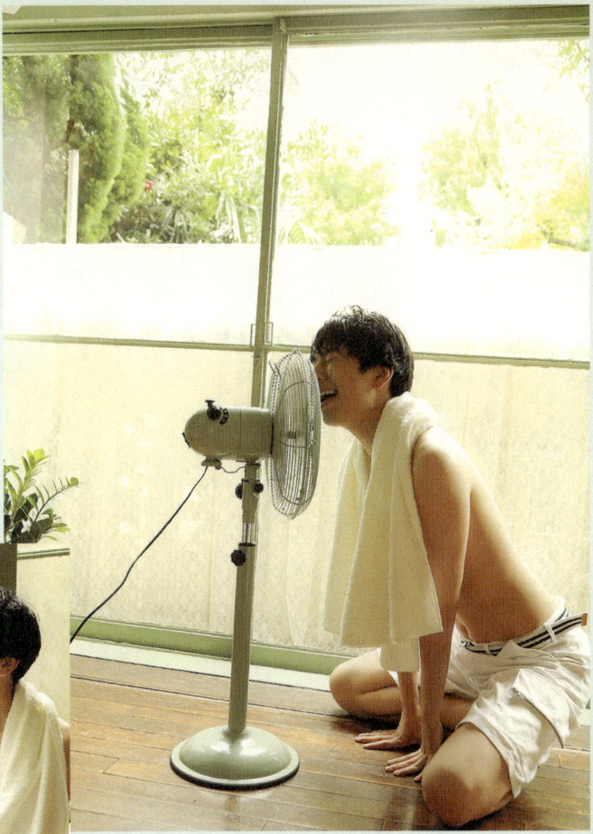

## うまく水かぶれてます？って何度も確認しました

実はこの撮影では、「おばあちゃん家の庭で水まきをしていたら、自分がビチョビチョになっちゃう！」という、とんでもないドジっ子ボーイな設定があったんです。でも、いざ自ら水をかぶりにいくとなるとなかなか難しくて苦戦した思い出があります。扇風機の前では、幼い頃によくやっていた浜崎あゆみさんのライブあおりのマネをしていました。

撮影／宮坂浩見

2016.1.15 発売

# 声優 JUNON vol.3

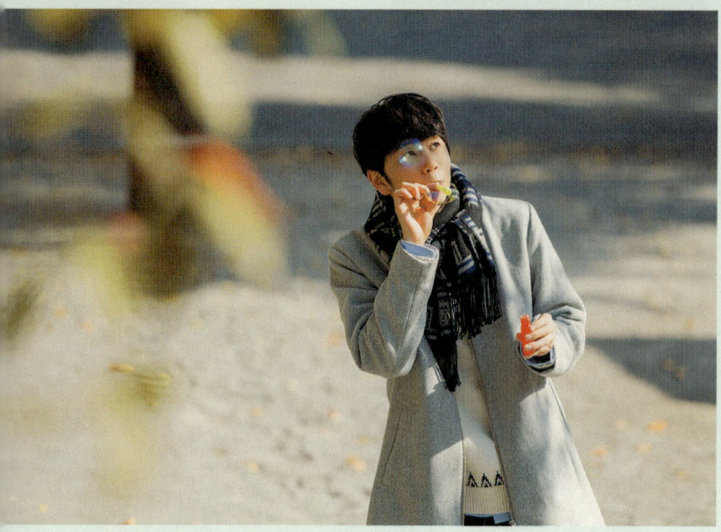

## 実はちびっ子ギャン泣き！どうやったら泣きやんでくれるのか必死

雑誌が冬に発売するということで、コートを着ての撮影だったのですが、撮影日は見事な快晴。コートの下で汗だくになりながらも息で手を温める仕草をすると、「ちゃんと寒そうにみえる！」とみんなで大盛り上がり。そして一緒に写真を撮ってくれた公園にいたちびっ子。実は泣いちゃっていたんです。びっくりさせちゃってごめんね…！

撮影／杉江拓哉（TRON）

# KC

# KOUTARO'S T-SHIRTS Collection

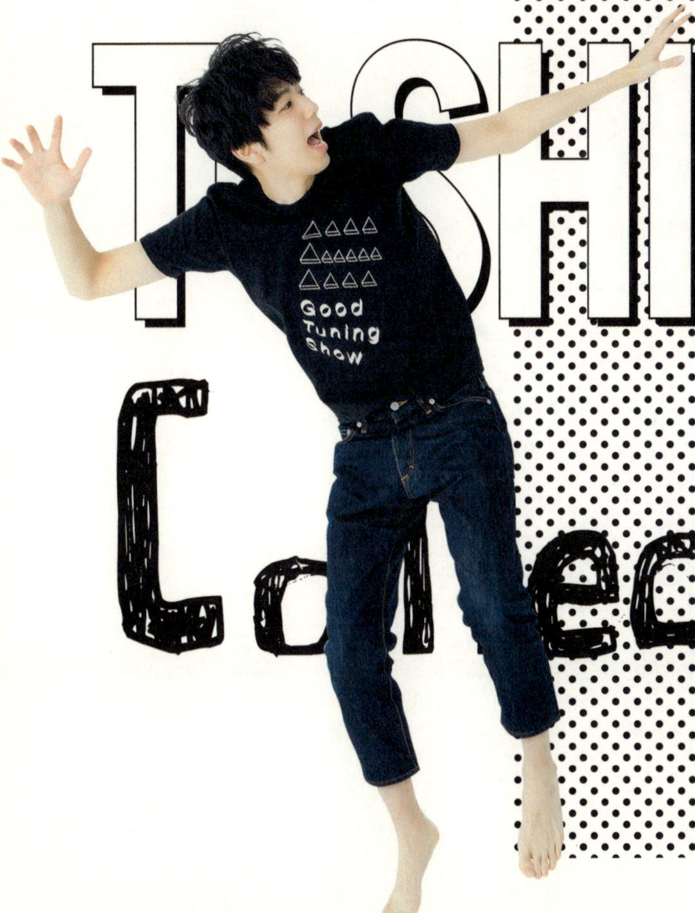

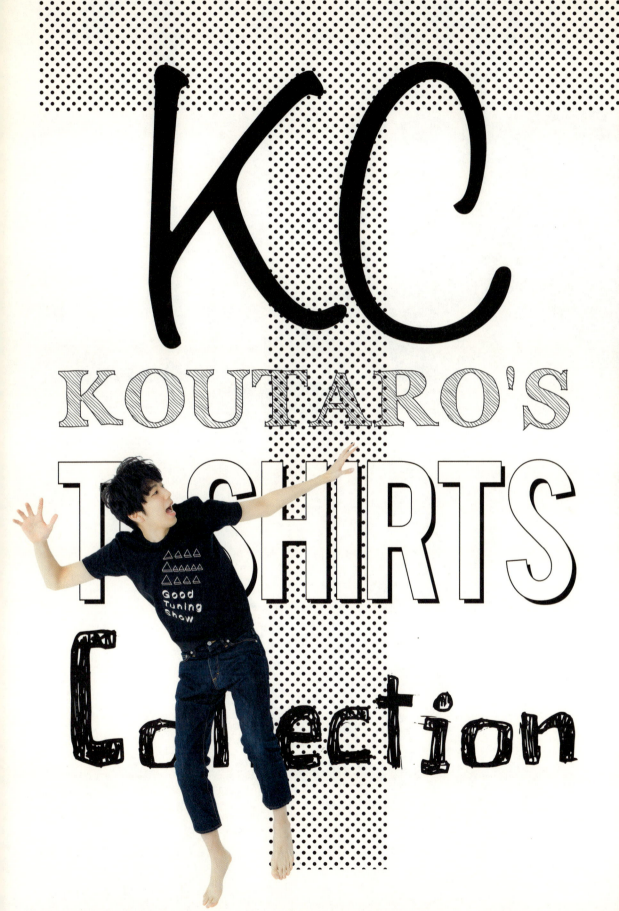

①レモン柄Ｔシャツ。どうしてもレモン柄のＴシャツが欲しくて、消しゴムハンコを掘って白Ｔに押した。②シーサーヤマト宅急便Ｔシャツ。げろりんが沖縄にツアーに行くたびにこのＴシャツをおみやげでくれる。他では見ないみどり色。③ジャスティスＴシャツ。宇宙服のデザインと配色がかわいい。まさにジャスティス。④イエローボーダーＴシャツ。黄色が好き。

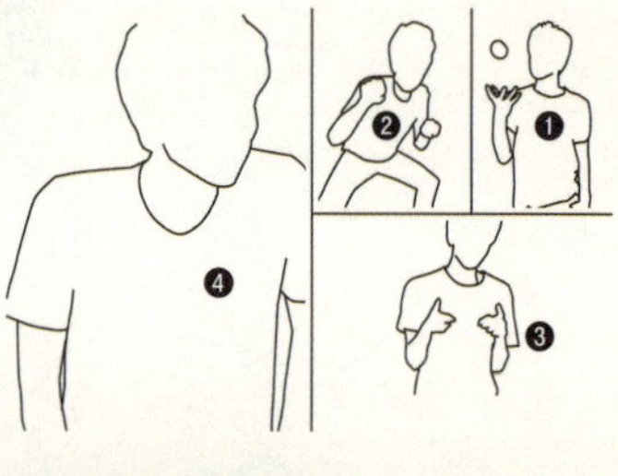

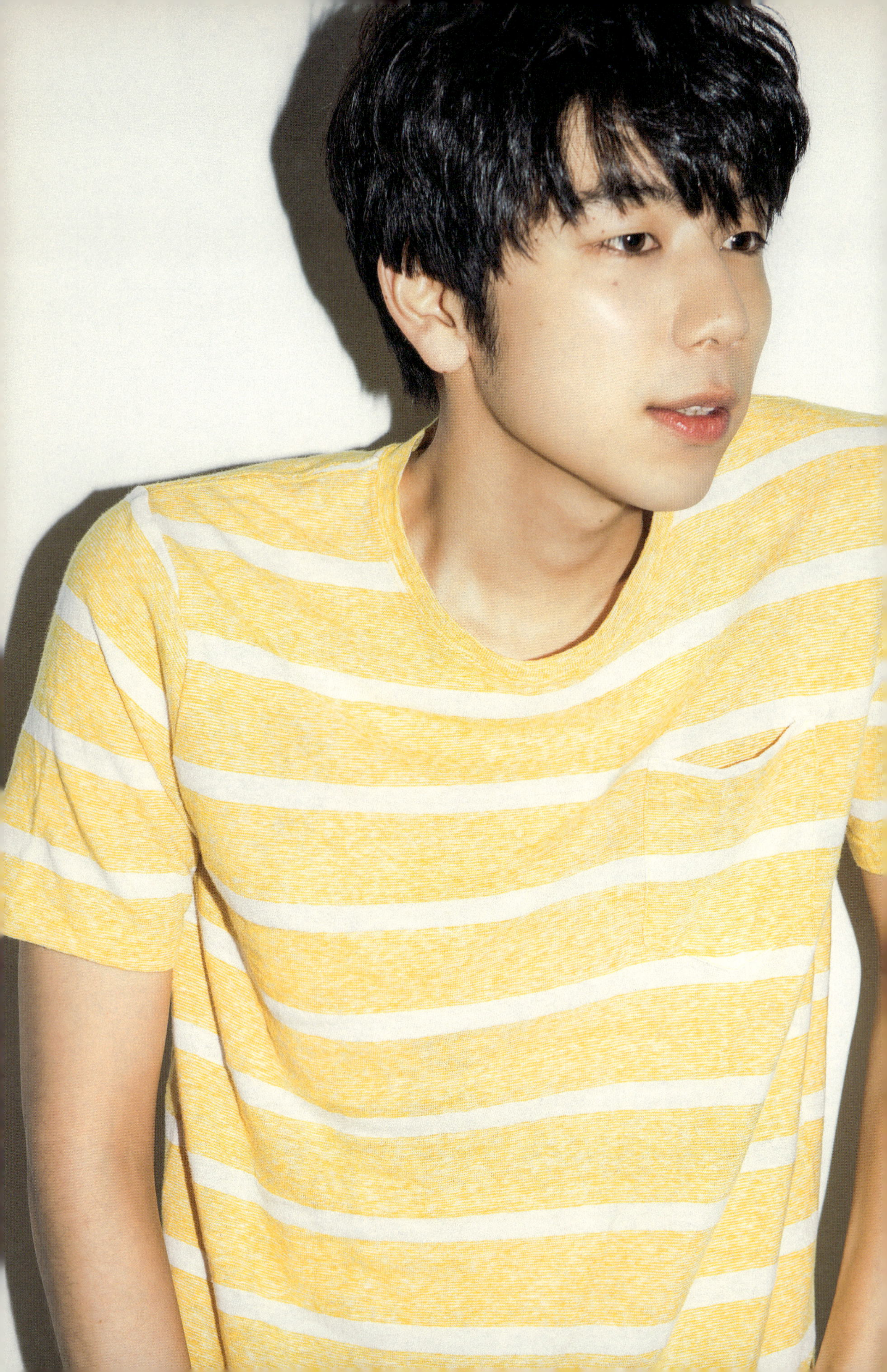

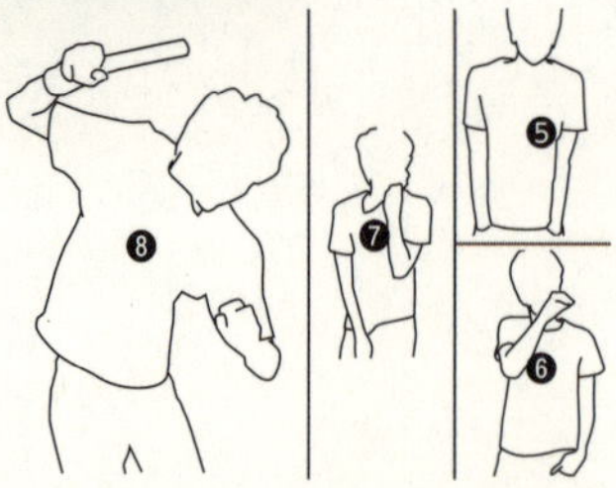


⑤ボーダーポケットＴシャツ。清潔感が好き。どんなパンツにも相性抜群。⑥南国にいそうな鳥Ｔシャツ。下北沢の古着屋で購入。試着した時のしっくり感におどろき衝動買い。調べたらオニオオハシという鳥らしい。かわいい。⑦ネイビー＆ホワイトＴシャツ。ストレッチのきいた生地感。小学生の頃の体操服に似た着心地。⑧モーニング娘。はじめて買ったツアーＴシャツ。

# 1000Q

## WORK

**Q 1** 初めてのセリフは？「肩をつかまれて“…ッヒ！”。モーションコミックの“敵B”役でした」 **Q 2** 印象的な役は？「アニメ『美男高校地球防衛部ＬＯＶＥ！』の鬼怒川熱史くん。」 **Q 3** 印象的なセリフは？「アニメ『キズナイーバー』で演じている日染芳春のセリフで“あん…♡”。」 **Q 4** ポリシー・座右の銘は？「何事も楽しむ」 **Q 5** 言われてうれしいほめ言葉は？「“楽しかったです”。一緒に仕事している方やファンのみなさんにそう言われると、すごくうれしい」 **Q 6** 先輩やスタッフさんに言われてガツンときた言葉は？「“ここにこういうＳＥが入るんだよ。”先輩方が台本を見ながらディスカッションしているのを聞いて、そこまで台本から読み取るんだなって衝撃を受けたんです。台本にはヒントがいっぱいあるってことを知るきっかけになりました」 **Q 7** 勝負の日の前日、何をする？「長湯してリラックスします」 **Q 8** 喉のケアは何してる？「毎日必ず、うがいと手洗い」 **Q 9** 自分の声にキャッチコピーをつけるなら？「好青年の役が多いので、願望込みで“さわやかでありたいボイス”(笑)」 **Q 10** 仕事で失敗しちゃったときは引きずるタイプ？「寝たら立ち直れます」 **Q 11** 自分へのプチご褒美は？「チョコモナカジャンボ」 **Q 12** 出演作は繰り返し見る？「最低２回は見る。１回目は作品自体を普通に楽しんで、２回目以降は声の表現を確認しながら勉強のために見ます」 **Q 13** 実はちょっと興味のあるお仕事

は？「雑誌編集。この本で責任編集をやらせていただいて、叶いました！」 **Q 14** やってみたい役は？「ゆるキャラのような人間じゃないキャラクターをやってみたい」 **Q 15** 憧れの声は？「お店とかで注文が一発で通る声。“すいませーん”って呼んでもスル—されることが多いから(笑)」 **Q 16** お仕事の本番前は緊張する？「めっちゃします」 **Q 17** 職業病だなと思うことは？「何でも声を聞いちゃう。ドラマとか見ていても、人と会話していても“この人、いい声だな”とか“この声はあのキャラクターに合うかも”とか、つい気になってしまう」 **Q 18** 話しベタな人にアドバイスするなら？「映画などのあらすじを説明できるようにする練習をするといいかも。でも、話しベタだからこそ話すのが苦手な人の気持ちがわかる。相手が話しやすい空間を作れる聞き上手になれると思います。」 **Q 19** 声優を目指す子に声をかけるなら？「楽しいよ！」

# KOUTARO NISHIYAMA

## パーソナル

**Q 20** 自分の性格をひとことで！「気分屋。テンションの浮き沈みが激しいというより、そのときの気分で行動するタイプなので」 **Q 21** 長所は？「切り替えが早い。あと、首が長い」 **Q 22** 短所は？「あんまり怒らない」 **Q 23** どんな小学生だった？「目立ちたがり屋で、班長とかやりたがるタイプ」 **Q 24** どんな中学生だった？「目立ちたがり屋で、バスケ部の部長とクラス委員をやっていました」 **Q 25** どんな高校生だった？「わりとおとなしかった。地元の友だちと離れて環境が変わったら、落ち着いちゃいました」 **Q 26** どんな友だちが多い？「アクティブな友だち。僕はのんびりしているので、行動的な友だちに引っ張ってもらっている感じです」 **Q 27** 反抗期はあった？「高校生のころ、親とあまり口をきかない時期はありました。本当はしゃべりたいけど、つっぱっちゃうみたいな。」 **Q 28** 合唱コンクール、ちゃんと歌う派？「ちゃんと歌っていましたね。というか、合唱コンクール委員に立候補するくらい好きでした。」 **Q 29** 体育と図工、どっちが好きだった？「図工。ものを作るのが好きだから。とくにねんど工作が得意でした」 **Q 30** テスト勉強は計画的？一夜漬け？「どちらかといえば計画的。結果的にギリギリになっちゃって、ヤマ張って詰め込むときもあったけど、それは追い込みと呼ぼう（笑）」 **Q 31** 得意なスポーツは？「バドミントン。部活経験はないけど、やっていていちばん楽しいスポーツです」 **Q 32** ログセは？「ですかねえ」 **Q 33** よく見る夢は？「夢を見てもすぐ忘れちゃう。唯一覚えているのは小2のときに見た、自分が誘拐される夢。幼いから夢と現実の違いがわからなくて、しばらく引きずって、お母さんのそばから離れられなかった。誘拐犯の顔は今も覚えています…（恐）」 **Q 34** 季節でいちばん好きなのは？「初夏」 **Q 35** 海派？山派？「海派です。泳ぐより足だけ浸かる派」 **Q 36** 猫派？犬派？「猫でも犬でもなく、ウサギ派。いつか飼いたい」 **Q 37** エスカレーター派？階段派？「階段も使うけど、結局エスカレーターかな」 **Q 38** ガム派？アメ派？「両方ですね。仕事前にガム噛んでリラックスして、仕事で喉を使った後にアメをなめるって感じかな」 **Q 39** 兄弟ゲンカはした？「あんまりケンカした記

憶がないかも。姉兄と歳がけっこう離れているので、昔からかわいがってもらっていました」 **Q 40** 末っ子だなあ、と思うときは？「最後尾を歩きがち」 **Q 41** 周りの人から血液型あてられる？「すぐあてられる」 **Q 42** 何型っぽいって言われる？「会って間もない人には“O型っぽい”と言われたりするけど、仲良くなると“B型っぽい”って言われる」 **Q 43** B型だなあ、と思うときは？「急に存在感を失くすとき（笑）。友だちと話しているときに、急にふっと違うことを考えがちなところがあります」 **Q 44** 改名するなら？「雨宮ハル。漫画『ピアノの森』に雨宮というキャラクターがいて、響きがいいなと思って。ハルはドラマ『アルジャーノンに花束を』でユースケ・サンタマリアさんが演じていた役の名前で、男の子でハルって素敵だなと思ったので、それをくっつけてみました（笑）」

# 1000Q

## LOVE

Q 45 ドキッとする女の子の仕草は？「笑顔。おいしいものを食べているときの顔」 Q 46 どんな服装が好み？「シンプルなロングスカート、パーカー、コンバースのスニーカー。ナチュラルな感じが好きです」 Q 47 ペアルック、どこまで許せる？「おそろいのボーダー服までなら喜んで（笑）」 Q 48 何フェチ？「唇。ぷっくりとしたピンク色の唇っていいですね」 Q 49 話し上手と聞き上手、どっちが合う？「話し上手な人かな」 Q 50 ドジッ子としっかり者、どっちが好み？「しっかり者。僕がアホだから、しっかりしてくれないと困る（笑）」 Q 51 学生時代と今、女の子の好みは変わった？「ずっと変わらず、明るい人がタイプです」 Q 52 女の子の浮気、何回まで許せる？「1回も許せない。ほかの男と手をつないだら浮気です」 Q 53 遠恋できる自信ある？「あります。会えなくても連絡がとれれば大丈夫」 Q 54 記念日やイベントははりきるタイプ？「誕生日ははりきると思う。ちょっといいレストランの予約を取って、彼女が喜んでくれそうなプレゼントをあげたい」 Q 55 失恋から立ち直る方法は？「友だちと遊んで、悲しみを紛らわせようとすると思う。遊園地で絶叫マシンにガンガン乗りまくる！」 Q 56 作ってほしい手料理は？「豚汁」 Q 57 彼女にはなんて呼ばれたい？「宏太朗」 Q 58 初デートはどこに行く？「相手によるし、気分にもよるけど…最初はやっぱり動物園かな。話が尽きない気がするから」 Q 59 西山さんの彼女特典は？「かわいく写真を撮ってあげる！ 僕、人のいちばん魅力的な角度がわかるんです。好きな人なら、なおさらかわいく撮れる自信がある！」 Q 60 好きな人ができたら友だちに話す？「話さない。片思い中は恥ずかしいから親友にも言わない。で、つきあったら報告します」 Q 61 好きなことが本人にばれるタイプ？「ばらす（笑）。すぐ態度に出るから、わかりやすいと思う」 Q 62 運命の赤い糸、信じる？「信じない。出会った瞬間にビビビッって経験がない」 Q 63 結婚、向いてると思う？「今のところ、結婚してる自分はまったく想像できないけど…向いてると自分に言い聞かせている（笑）」 Q 64 子どもができたらなんて呼ばせる？「パパ」

## プライベート

Q 65 自分のお部屋はキレイ？「いいえ。でも今日は片づけたばかりだから、散乱はしてないです。片づけという名の、モノを端に寄せただけ（笑）」 Q 66 好きな家事は？「洗濯。洗濯機を回す瞬間が好き。放り込んでピッてボタン押したら、もう終わった気分になるんですよね（笑）」 Q 67 苦手な家事は？「食器の洗い物」 Q 68 得意料理は？「たまご焼き。うまい具合に溶き卵を足していって、うまい具合に巻けるんですよ。あまり自炊はしなくて、10日に1回そばをゆでるぐらい」 Q 69 お家のお気に入りスポットは？「トイレ。あの狭い密室が落ち着く（笑）」 Q 70 朝起きて最初にすることは？「うがい」 Q 71 好きな肉料理は？「牛タン。焼き肉を食べに行くと、牛タンに始まり、一周して、牛タンで締める」 Q 72 好きな魚料理は？「身が締まっているタイの煮付け」 Q 73 好きなのは和食？洋食？中華？「和食。落ち着く。」

# KOUTARO NISHIYAMA

**Q 74** 好きな調味料は？「しょうゆ」 **Q 75** 好きな飲み物は？「やわらかいお水」 **Q 76** 好きなお菓子は？「チョコシュー」 **Q 77** 冷蔵庫に常備しているものは？「豆腐。冷や奴か、レンジでチンして、ショウガとポン酢をかけて。夜ごはんひかえめにしたいときは、豆腐２丁あっためて食べています」 **Q 78** コンビニでつい買っちゃうものは？「飲むヨーグルト。いろんなコンビニのやつを日替わりで、１日１本飲んでいます。基本はプレーンが好き」 **Q 79** バックの中身でいちばん重い物は？「モバイルバッテリー。けっこう大きめで、重さはたぶん携帯の３倍ぐらいある（笑）」 **Q 80** 好きなお味噌汁の具は？「豆腐、ワカメ、油揚げ」 **Q 81** カフェでは何を頼む？「ブラックコーヒー。でも最近、コーヒー飲むと胃の調子が悪くなるから、紅茶ばっかり飲んでいます」 **Q 82** カラオケで歌う曲は？「星野源さんの『ＳＵＮ』」 **Q 83** ひとり○○、どこまで行ける？「ひとりカフェ、ひとりファミレス、ひとりカラオケまでですね。ひとり焼肉は行きたいけど、まだ行けないなぁ…」 **Q 84** １時間の空き時間、何をする？「読書か買い物。近くの本屋さんとか服屋さんにふらっと行く」 **Q 85** ＬＩＮＥでスタンプはよく使う？「使います。最近よく使うのは、レモン星人のスタンプです。ゆるかわです」 **Q 86** ＬＩＮＥで既読スルーの友だちへの返事催促方法は？「ひたすら待つ。会う約束しているのに前日の夜まで返事がなかったら、“ねえ”って送る。それでも既読スルーなら、明日の予定はなかったことになります（笑）」 **Q 87** 移動中にすることは？「寝てるか、スマホいじってる」 **Q 88** 好きな乗り物は？「特急電車」 **Q 89** お風呂の温度は？「41 度」 **Q 90** お風呂上りに飲むものは？「お水」 **Q 91** 寝る前に考えることは？「“返してないメールあったかな”です」

## どっち!?

**Q 92** 同時にお誘いの連絡が来たら優先するのは、友だち？彼女？「長らく会ってない友だちだったら、友だち優先。どっちも同じぐらいの頻度で会っているなら、彼女優先」 **Q 93** タイムマシンで行くのは、過去？未来？「遠い未来。300年後ってどんな世界になっているのか見てみたい。それか 15 年後。40 歳の自分はどうなっているんだろう？」 **Q 94** どっちか削るなら、睡眠？食事？「食事。食べるのは大好きだけど、睡眠のほうが大事」 **Q 95** どっちかもらえるなら、タケコプター？どこでもドア？「どこでもドア。地球の裏側とか行きたいな」

## if

**Q 96** もし朝目覚めたとき女の子になっていたら？「すっごくかわいい女の子になっている設定なら、メークして、おしゃれして、街を歩きたい。そして思いきりみんなの視線を浴びてみたい。モデルにスカウトされて、新しい人生が始まっちゃうかも（笑）」 **Q 97** もし人間以外のものに生まれ変われるなら？「神。何でもできる神になって、何もしない（笑）。ただただ世界を眺めたい」 **Q 98** もし今日から１か月お休みになったら？「旅行に行くかな。地球一周したい」 **Q 99** もし明日地球が滅びるという事実を、自分だけが知ったら？「仲いい人だけに伝える。“明日、地球滅びるらしいよ”とだけ言って、大切な人と一緒に過ごします」 **Q 100** もし 100 個あったら幸せなものは？「うーん…。100 個もいらないものばかりだなあ。部屋がほしいと思ったけど、3、4個あれば幸せです（笑）」

イラスト／西山宏太朗

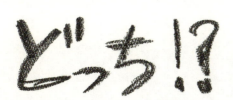

春の雨。春雨。中華食いたい。

43510 Likes
View all 25 comments

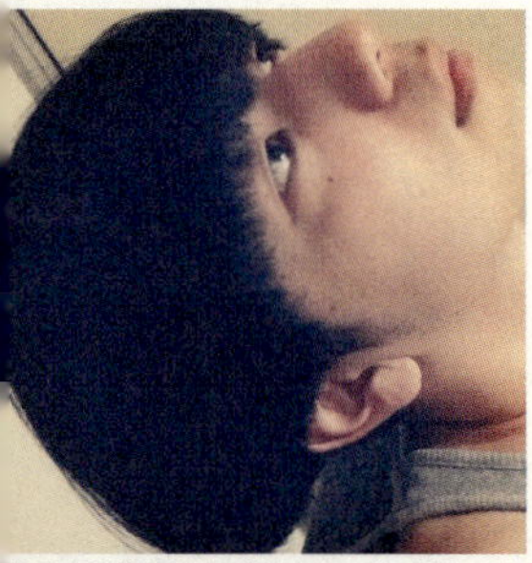

昔の写真が出てきた。懐かしい、おわん君。うしろの触り心地が、我ながら気に入ってたんだよ

91250 Likes
View all 25 comments

忘れてますよ、首

307 Likes
View all 25 comments

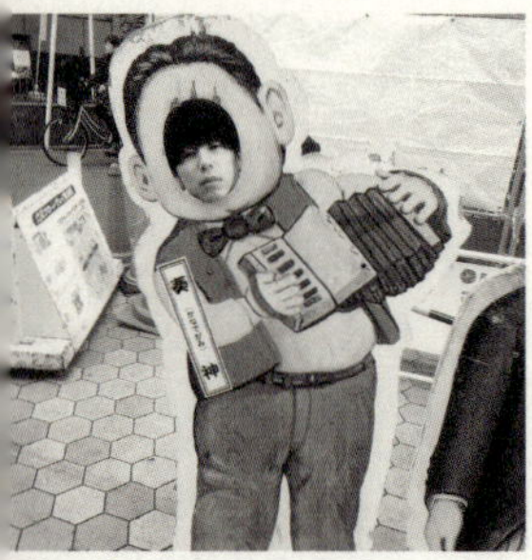

顔出しパネルは見つけたらやるようにしています。表情はその時の心境を表しています。 #マヂ楽しい

1124 Likes
View all 25 comments

Like Comment ...

春。

45051 Likes
View all 25 comments

ダンシング着地。

10301 Likes
View all 25 comments

友人の誕生日にディズニーランドに行った。ハッピーバースデーシールをもらったら、お姉さんがキャラクターの絵を描いてくれた。 #このキャラ初見

10091 Likes
View all 25 comments

シャボン玉を吹いたら、全部自分に集まってきた。 #シャボンスプレー #セーラーマーキュリー

25699 Likes
View all 25 comments

Like Comment ...

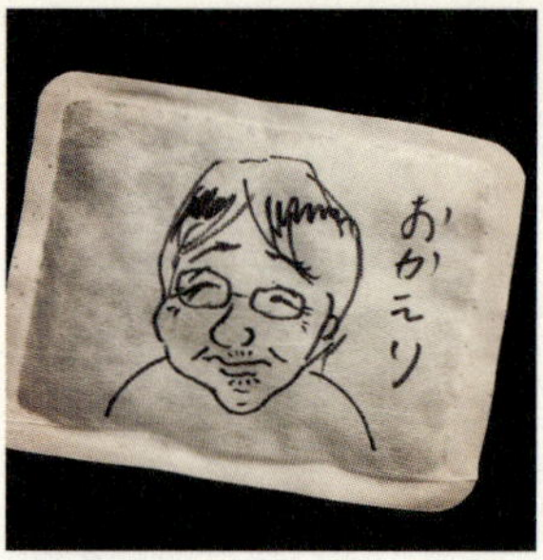


寒い日にはカイロをもつと手があたたかくなることを知る。更に、心がほっこりするワードを書くと、あたたかさは増すのである。 #おばあちゃん

10017 Likes
View all 25 comments

なめたけ。

39857 Likes
View all 25 comments

サイクリング。川沿いを走るのが気持ちよかった。自転車が欲しくなった日。 #チリリン

19910 Likes
View all 25 comments

ふと横を見るとふてぶてしい豚が2匹。後ろのワニから逃げているのか。この2匹の豚からは強い生命力を感じる。

15105 Likes
View all 25 comments

Like Comment ...

Nishiyamagram

**Koutaro Nishiyama**
Voice Actor

ケバブ屋に吊られた押すと鳴く牛。写真で見るとサイズ感分かんなくなる。 #顔のわりに声高い

24 Likes
View all 25 comments

家族でドライブ。窓の外を見るとクジラ雲が。小さい頃は窓開けて、風を浴びながら大熱唱してたなぁ。 #車が停止しても大熱唱

315 Likes
View all 25 comments

尻

100 Likes
View all 25 comments

ゆーーー、きぃーーーーー！！って言ってる。訳ではない。ただただ寒いと思ってる表情。ちなみに、雪のことは好きでも嫌いでありません。

1981 Likes
View all 25 comments

Like Comment ...

パリッ、ジュワ～

♥ 125612 Likes
View all 25 comments

実家に置いてきた、昔アトリエで作った帽子。無理矢理お父さんにかぶらせたけど、その後どうなったかは、知らない。

♥ 10925 Likes
View all 25 comments

最近好きになった動物は、ツノの生えた動物です。ツノ、カッコイイ。

♥ 1181 Likes
View all 25 comments

その体勢楽なの？

♥ 63498 Likes
View all 25 comments

Like Comment ...

kikubon の収録。小説を丸々一冊読みます。スタッフさんには本当にお世話になっています。休憩時間にケータリングのお菓子をつまみ食いする癖を直したいです。 #kikubon

♥ 242424 Likes
View all 25 comments

川越、また行きたい。

♥ 1365 Likes
View all 25 comments

鎌倉の海！いい天気！鎌倉には家族とお墓まいりでよく行きます。海の近く、気持ちいいねぇ。

♥ 989 Likes
View all 25 comments

窓を挟んだテラスにいる子供がずっとこっちを見てて、見つめ合いながら食べてた思い出。 #目をそらしたほうが負け #勝った

♥ 31018 Likes
View all 25 comments

Like Comment ...

鳩。かわいい。早朝、通学路の森で鳩が「ヴヴゥヴ～～」と唸り鳴いてるのを聞いてから好きになった

♥ 34621 Likes
View all 25 comments

雫あつめ

♥ 31567 Likes
View all 25 comments

トムヤムクン！！！タイ料理大好き。パクチー食べられるようになってから更にタイ料理が好きになった。いつかタイに絶対に行きたい！

♥ 136150 Likes
View all 25 comments

夏の一歩手前

♥ 81565 Likes
View all 25 comments

Like Comment ...

このシャッターを見ると下北沢にキターー！とテンションがあがる。キラキラした町。下北が好きすぎて下北には住みたくないぁまのじゃく

♥ 69515 Likes
View all 25 comments

プンプン

♥ 242424 Likes
View all 25 comments

何にでも相性抜群のコッペパンを尊敬します

♥ 99781 Likes
View all 25 comments

高尾山には、これを見るために登っていると言っても過言ではない。登るたびに写真撮っちゃう #登頂回数2回

♥ 99999 Likes
View all 25 comments

Like Comment ...

台湾で見つけた、かわいい看板。何屋さんなんでしょうか。

♥ 3142 Likes
View all 25 comments

教えてもらった素敵なカレー屋さん。カレーの写真は…、あれ？ないや

♥ 150 Likes
View all 25 comments

谷中にいた猫と西山

♥ 51741 Likes
View all 25 comments

ハイバイ。悲劇なのに喜劇。DVD が届いたので、自宅で何回でも楽しめます。うれしい。

♥ 8181 Likes
View all 25 comments

Like Comment ...

PASH! の撮影。あまりに僕がフラフラしてたのかメイクさんに「旅人のように現れたね」と言われ、その日一日、旅人になったつもりで撮影しました。

♥ 202310 Likes
View all 25 comments

声優 JUNON の撮影。今回のパーソナルブック、全てはここからはじまった。それにしても鼻の下が伸びすぎである。

♥ 193219 Likes
View all 25 comments

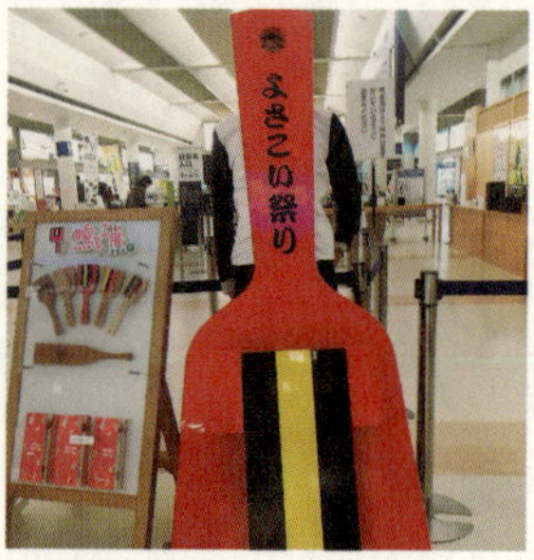


高知県に行ってきました。楽しかったなぁ、美味しかったなぁ。次行くときは高知城を見に行きたいです。 # まんさい

♥ 35121 Likes
View all 25 comments

歩く紅葉 men

♥ 5831 Likes
View all 25 comments

Like Comment ...

ひまわり畑には白いワンピースをきた美人がいると聞いていたのですが ... キョロキョロ ....

♥ 771 Likes
View all 25 comments

久々に幼馴染の実家に行ったら、スイカを出してくれた。ごちそうさまです。

♥ 988 Likes
View all 25 comments

おいしいかき氷は、頭がキーンとしない。

♥ 21563 Likes
View all 25 comments

豆苗フォルダ。豆苗の成長を見てると、自分も頑張ろうと勇気をもらえる。 # 豆苗

♥ 8136 Likes
View all 25 comments

Like Comment ...

Nishiyamagram

**Koutaro Nishiyama**
Voice Actor

蕎麦屋のカレーライスは最強。

♥ 12426 Likes
View all 25 comments

もちろん、蕎麦も最高

♥ 12427 Likes
View all 25 comments

ペン吉、ペン太朗、ペン美

♥ 98315 Likes
View all 25 comments

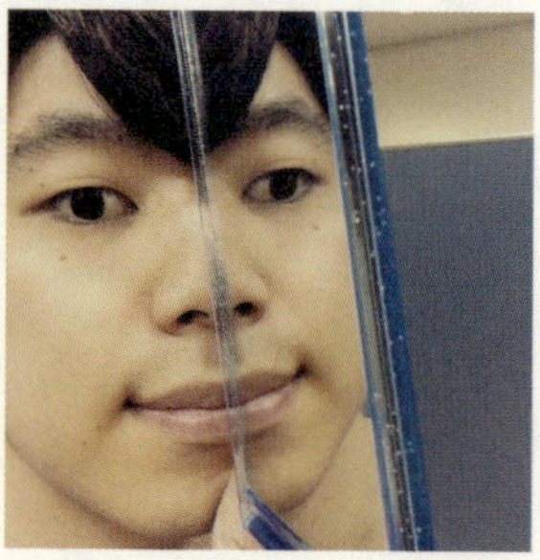

これを見たら、5日以内に同様のことをして西山に送らないと不幸になります。

♥ 5 Likes
View all 25 comments

Like Comment ...

甥と姪。瀕死の蝉が気になるご様子。でも怖くて触れないから、近くで足をバタバタしてる。 # 夏 # 姪のが勇敢

♥ 97174 Likes
View all 25 comments

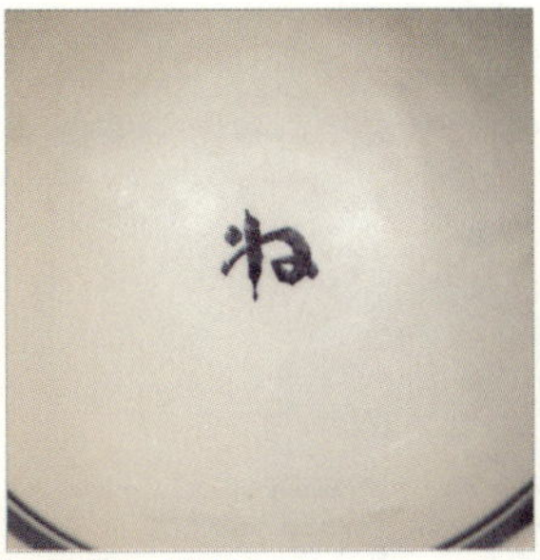


牛タンが好き。 # ね # ね # ね

♥ 213 Likes
View all 25 comments

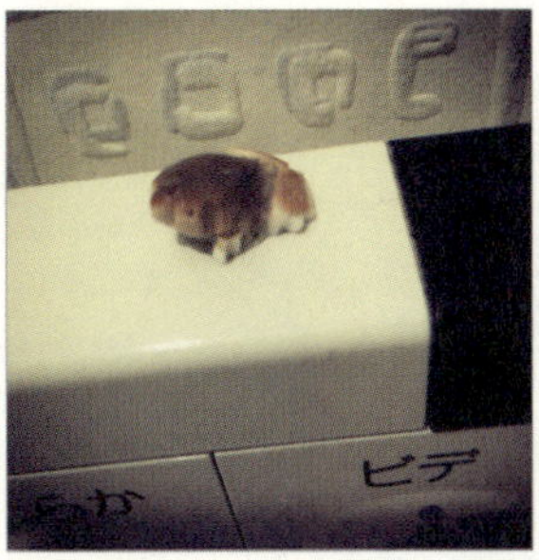


実家のトイレに入ったら小さい小さいカエルの置物があった。最初、誰かの奥歯かと思って二度見した # サプライズ # なぜトイレにカエル

♥ 5971 Likes
View all 25 comments

いただき太陽 2016

♥ 1000000 Likes
View all 25 comments

Like Comment ···

makomo さんの展覧会へ。とても素敵でした。makomo さんの作品で特にお気に入りは、「ハムをもらった」

♥ 98189 Likes
View all 25 comments

星を見に行った。綺麗だったんだけど、何も映らなかった。お星さん ... また会いに行くよ ...

♥ 0 Likes
View all 25 comments

キズナイーバー、日染くんです。ぼくに見たことのない景色を見せてくれます。素直な彼が好き。 #kizna

♥ 242424 Likes
View all 25 comments

超 A&G +にて放送の西山宏太朗のたろゆめ。毎週自由に楽しくお喋りしています！聞いて聞いて聞いて！ # たろゆめ # チーム西山

♥ 242424 Likes
View all 25 comments

Like Comment ···

山下大輝くんとお肉を食べる会！タンがおいしすぎる。だいきくんはかわいくてかわいくて。。。お肉を頬張るだいきくんでご飯 3 杯食えます。 # 西山下 # 肉会

♥ 2929 Likes
View all 25 comments

美男高校地球防衛部！ LOVE ！の鬼怒川熱史くんと♡あつしの真面目で優しいところが大好きだよー！これからもよろしくね。 #boueibu

♥ 242424 Likes
View all 25 comments

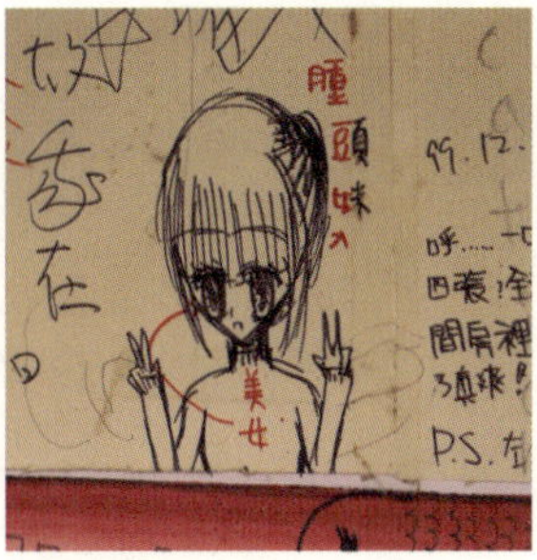

台湾の店内の壁にいた美女

♥ 351 Likes
View all 25 comments

ジュエルペットマジカルチェンジ！！雲母朔太郎！！！ジュエルペットを全力モフモフしたい

♥ 242424 Likes
View all 25 comments

Like Comment ···

ハンバーガー屋さんのポテトは超うまい。そして、オニオンリングも超うまい。そんでもってハンバーガーも超うまいだから、ハンバーガー屋さんは ... # 何だろう

♥ 45132 Likes
View all 25 comments

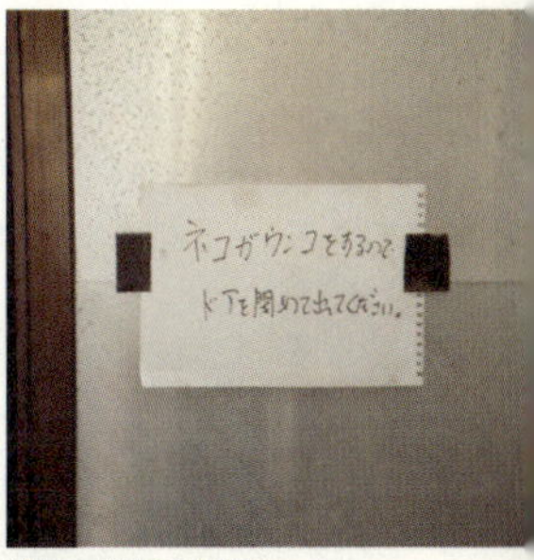

淑女 and 紳士のたしなみ

♥ 58131 Likes
View all 25 comments

だてめがね買ったよ。鼻めがねじゃないよ。

♥ 241316 Likes
View all 25 comments

探偵帽子。

♥ 65329 Likes
View all 25 comments

Like Comment ···

# MESSAGE FOR KOUTARO

質問はこちらです→①何と呼んでいますか？　②西山宏太朗と言えば○○○！　③好きなところ・直してほしいところ　④これから一緒にやってみたいこと　⑤ご自由にメッセージを！

## 茜屋 日海夏《ひみか》

①西山さん　②ズッキ！　ハロプロの話で盛り上がることが多くて、ズッキ愛がすごくて！（笑）　③面白くて話しやすいのがいいです！　直してほしいのは、オネエっぽい…？いやでも！これが西山さんの良さでもある気がする！　やっぱりそのままで！（笑）　④ハロコンに行きたい!!! ハロプロを語りたい!!!　⑤鞘師（卒業したモーニング娘。のわたしの推しメン）ロスがおさまりません！　Help me!!!

## 上田 麗奈

①西山さんとお呼びすることもあれば、宏太朗さんとお呼びすることもあれば。②白黒はっきり　③好きなところは、ひとつひとつの言葉がまっすぐなところ。直してほしいところは…うーん…特にないなぁ。④もっとがっつり掛け合いしてみたいです。ドラマCDとか、絵に合わせずにお芝居できる作品でぜひ！　⑤以前、朗読劇でご一緒したときも、「テンプリズム」という作品でご一緒したときも、とっても楽しかったです。またご一緒できるように頑張ります！

## 入江 玲於奈《れおな》

①西山さん（他の人が見てるとき、仕事のとき）、こーちゃん（何かお願い事をするとき、媚びるとき）、宏太朗（2人のとき、油断したとき）　②西山さんと言えば、トマトジュース！…と答えてほしいと思ったようで、一時期、ほぼ毎日のようにトマトジュースを飲んでいました。早々に「飽きた」と言っていたんですが、トマトジュース好きなイメージを付けたい気持ちが強かったのか無理して飲んでいましたね。③好きなところは、何でも打ち明けて話せるところです。西山さんには何ひとつ隠し事がないので、手軽に懺悔《ざんげ》できるのはありがたいです。直してほしいのは、一緒に買い物しているとき、疲れてくると途端にすべての興味がなくなるところ。体力をつけましょう。④西山さんとは登山してみたいです。今度どう、登山でも？　寒い山小屋で、暖炉の前で暖をとらない？　⑤パーソナルブック発売おめでとう！　ずーっと一緒にいるけど、これからもずーっと一緒にいたいなあって思う、そんな存在です。隣にいてくれると体温が一度あがります。一緒にたくさん笑って、そしてたくさんの人に笑ってもらえるように人生を楽しみましょう。これからも、よろしくね！

## 伊東 健人

①こーたろう！　②何かに狙いを定めた瞬間の目力！　個人的にツボな一瞬です。③好きなところは、唐突に誘ってくれるところ、逆に唐突な誘いにつきあってくれるところ。直してほしいのは、怖いものへの耐性をつけてほしい。④バンド！　⑤この度はパーソナルブック、発売おめでとうございます。今度、カメラ向けられたときのポージング、教えてください。

## 江口 拓也

①こうちゃん、こうたろう　②あざとい（理由：いつもかわいい子ぶってるので）③好きなところは勇気があるところですかね。直してほしいところは僕のことを先輩と思ってないところですかねえ（真顔）。④一緒にお風呂入っちゃったからなあ。それ以上のことでしょお。ええ～。そうだなあ～～。芋掘り？　⑤こうたろうくん。いつになったら家に入れてくれるのですか？　あなたと同年代の男友だちはホイホイあげてるみたいじゃないですか。なぜ僕はダメなんですか？　納得のいく答えをお待ちしてます。これからもよろしくね！　頼れる後輩！

## 梅原 裕一郎

①西山、西山くん、西山さん　②西山さんと言えばトーク力でしょうか。トークの中の返しは天才的です。とてもうらやましいです。よく他の声優さんともそのトーク力が話題になります。誇っていい才能だと思います。③好きなところは周りに気を使えるところ。どんな仕事に対してもグチを吐かず全力でこなし、空気を乱すことがありません。素晴らしいと思います。直してほしいところは、気を使いすぎて本心がわからないところです。物言いたげな悲しそうな瞳をたまに目にします。④仕事でやれることはほとんどやり尽くした気がします。⑤なんだかんだで長いつきあいですが、このまま声優を続けられるようにお互い頑張りましょう。

## 久保田 未夢

①こーにーちゃんって呼んでます！　一緒にラジオをやらせていただいていたときのあだ名です！　②きのこ！　一時期きのこヘアの時がありまして、みんなで"きのこきのこ"いじっていた印象が強いです。③話がごちゃごちゃになっても最後にきれいにまとめてくれるところと、細かいボケもちゃんと拾ってくれるところです！　でも華麗にスルーされるときもあるので直してほしいというか、スルー頻度を下げていただけるとありがたいです…！　④また一緒にラジオやりたいです！　一緒にラジオをやっていたのは約2年前になるので、今またラジオやってみたらあのときよりかは成長していると思います…!!　⑤こーにーちゃん！　パーソナルブック発売おめでとうございます!!!　久しぶりにきのこヘア見たいです!!　それと伝説の自己紹介も久しぶりに見たいです!!　またお仕事でご一緒した際はよろしくお願いしますっ！

## Gero

①こーちゃん、こうたろう、ゼウス西山　②下北沢。自称下北沢マスターということで一度下北沢を案内してもらうロケをしたから。ちなみにロケ当日、彼イチオシのお店は閉まってました。③頭の回転が速い。直してほしいところ→藤井隆さんのモノマネ芸をすること。④彼が声優、僕がシンガーという立場で一緒に同じアニメのイベントで共演したいです。⑤こーちゃん!!!　はよ旅行行こうよ――――――!!!!!!!!!

## 澁谷 梓希《あずき》

①基本は西山さんですが、、ごくまれに、こーにいちゃん、ヤンマー(笑)。②きのこヘア…と言いたいところですが、マッシュを卒業してしまったのでもう違いますね；。ちょっぴり寂しいです(笑)。③好きなところはトゲがないところ。直してほしいところは、思いつかないくらい素敵な先輩です！　④また一緒にラジオをやりたいです。西山さんがいる安心感すごいです…！　⑤パーソナルブックの発売おめでたうございます!!　たまにはi☆Risと遊んでくださいねっ！　これからも西山パイセンのご活躍に期待しております！！　小石コロコロ～　＼こーにーちゃーん／(笑)。

## 柿原 徹也

①CoOtaRoH　②きのこ。という名のヘア　③好きなところは、歩くセンスなところ。センスのカリスマ。TOP OF THE センス。直してほしいのは、アー写。かわいすぎるから。④世界一周。⑤出会って4年。素敵な男になりましたね。ずっと見守っています。P.S.ところで、実際のところどうなの？

## 黒崎 真音《まおん》

①こうちゃん。ラジオの番組で共演してから、ずっとこうちゃん！　②マッチョのシール。誕生日にくれたんです(笑)。「まおんさんはこういうイメージ！」と言われて、わかってるなぁ！と思いました。そのとき、マッチョとか、筋肉美にハマっていたんですよね…。その観察力に感動しました(笑)。③好きなところは、相手のリズムを大事にしてくれるところ。合わせ上手、聞き上手だなぁって思います。あとは、年下とは思えないくらい、すごくしっかりしてますね。直してほしいところは特にないんですが、あまり大人にならないで、男子高校生のような(笑)、ピュアさを保っていてほしい！って思います。④昔、ラジオが終わった後に電車で途中まで一緒に帰ったことがあったんですが、そのときのこうちゃんは、将来を少し不安がっていたんですよね。声優として一人前になりたいって気持ちを、まっすぐぶつけてくれたときに「同じアニメで共演できるまで一緒に頑張ろう」って、言ったことをずっと覚えてます」⑤一生懸命に頑張っている人は、やっぱり報われるんだなぁって思わせてくれました。かっこいいぞー！　こうちゃん！　世界中のファンのみなさんに、これからもっともっと、こうちゃんのすてきな声と、やさしい人柄が伝わりますように。西山宏太朗に幸あれ♪

## 斉藤 壮馬

①こーたろー、こーちゃん　②ハロプロですかね。本当に楽しそうにしゃべるので、こっちもニコニコしちゃいます(笑)。あと、ボケもツッコミも回しも飛び道具もできる人なので、イベント・ラジオの天才だと思っています。③好きなところは骨格ですね。鼻からアゴにかけてのラインがたまりません。直してほしいところは、僕の服を借りて脇汗でしっとりさせるところです。④トークライブはやってみたいですね。本当にフリートークだけでどこまでやれるか。それから、ふたりとも朗読をきっかけのひとつとして声優を志したので、朗読会もやりたいです。⑤こーちゃん、パーソナルブック発売おめでとう！　空気の読める自由人なこーたろーが大好きです！　同じ事務所、同い年ということで、信頼と尊敬をしています。これからも一緒に頑張っていこうね！　あ、そうそう、いつもこーたろーのいないところでモノマネやってごめんね。許してください♡

## 小田柿 悠太

①本人には『こーちゃん』。後輩とかがいる時
は格好をつけたいので『西山』や『宏太朗』と呼
びます。②かわいい笑顔、偽リアクション、
汚部屋。日本一と言っていいほどのかわいい
笑顔を振りまいてくれるこーちゃん。でもそ
のほとんどがニセモノ。ニセモノのときはす
ぐわかるんですけど、それでも笑顔がかわい
すぎて結果みんな癒されるんですね。あと部
屋が汚いです。③正直書き切れないですね
目も好きだしアゴの感じも好きだし、あとお
いしいお茶を出してくれるところも好きです
直してほしいところは全然ないですけど、
えて挙げるならたまにする怖い目ですね。
めてほしいです。あと急に核心を突いてく
のもやめてほしいですね。…やっぱりたく
んありました。でもそこが好きです。④や
ばりお芝居したいです。僕の夢は宏太朗とレギ
ラー番組で一緒になることなんです。毎週
太朗に会えるとかヤバくないですか？　⑤
のたびはパーソナルブック発売おめでとう
ざいます。これも宏太朗くんの素敵な笑
やさしさ、人望、実直さ、真面目さ、かわい
創造力、とかによるものだと思います。
的にこーちゃんのことは、一緒にバカな
ができる大切な仲間だと思ってるよ。こ
らも他愛のない話がいっぱいできる仲で
れたらうれしいな。

## 後藤 沙緒里

①宏太朗くん　②宏太朗くんとはファミレ
でお茶をしているイメージが強いです。ま
たりとした時間を過ごせ、ついつい長居を
てしまいます。最近の出来事ではスケートで
一緒に舞台を見に行ったのですが少しお時
があったので、近くにあった屋外リンクでス
トをしました。初心者の私に合わせてゆっ
り滑ってくれ、リンクを1周だけしました(
③物柔らかなところ。気づかい屋さんなと
一生懸命なところ。向上心があるところ。
謝があるところ。自分のことばかりでな
周りの人みんなが素敵で笑顔になれたらと
時に悩んでしまう、心やさしいところ…
なところばかりです。直してほしいとこ
ありません。でも、もっと素直になって
て大丈夫だからね(^-^)　④お仕事をご一緒
宏太朗くんのいろんな姿をたくさん見て
いです。あとは、宏太朗くんの漬けたぬ
けをいただいてみたいです。私もおすそ
をします。ぬか漬けの会…？（笑）　⑤ご
がとってもうれしいです。これまで宏太
んの支えになってくれたすべてのご縁に
謝の気持ちでいっぱいです。愛を還元す
は…と心を尽くす様子は、以前と何も変
ていませんね。とてもけなげで素敵だと
ます。自信を持って、これからも宏太朗く
らではの愛を表現していただけたらと思い
宏太朗くんが大切な人たちと一緒に笑顔
ばい、心から日々を楽しめますように (
太朗くんの幸せを信じています。

## 芹澤 優

①こーにーちゃん！orこーにーさん！ ②(*^○^*)。LINEですごいよく使ってくるので！　このへらっとした笑顔がこーにーさんっぽくて似てるなとも思います！ ③好きなところは適当なところです！ 私がすごい適当なので話してて楽です！ 直してほしい、というかやめてほしいのは時々するドヤ顔。煽《あお》り顔。変顔。少し怖いです…。④バドミントン！　2人でやったら楽しそうだなっと思いました！ あとバドミントンのラケットって、ちょっとこーにーさんに似てません？　⑤こーにーさん！　セリコです！　覚えますかー？？？　元気ですかー？？　今度i☆Risのライブあるのでまたぜひ来てくださいね!!　あと、さおりさん(後藤沙緒里さん)は渡しませんから!!!!!!!!!　でわ!!!!

## 鈴木 裕斗

①宏太朗ちゃん、こーちゃん　②こーちゃんと言えば！やっぱり…アイドル顔負けのキメ顔上手っ!!　どの写真を見ても濡れたような瞳とツヤのある唇で落としにかかってますよね(笑)。③好きなところは全部！　一緒にいると何をしてても楽しいし、良い意味で気を使うことがありません。こーちゃんの前だと思い切りバカになれるんですよね。そういさせてくれる懐の深さは、最大の魅力かなと。直してほしいところは…う～ん、思いつかないや！　④2人でガッツリたっぷりしゃべるラジオ番組を持つこと。お互いの空気感や、なんとなく言いたいことも感じ取れたりするからベストパートナーになるのではないかと！ あとは、こーちゃんをアイドルとしてプロデュースしてみたいです!!　大好きな80年代風で、ギンギラな衣装を着せたいなと(笑)。 ⑤パーソナルブック発売おめでとうー!!　きっとユーモアとセンスとキュートにあふれた一冊になるんだろうなぁ。こーちゃんと一緒にやりたいことを想像するだけでいくら時間があっても足りないくらい出てきちゃうんだけど、まずは入会してから一度しか行ってないダンスレッスン…行こうね!!　…え、行くよね!? それとももう密かにひとりで通ってるとか!? とりあえず、僕を見捨てないでください(笑)。 これからもヨロシクー♪

## 白井 悠介

①こーたろ(笑)。いじるときは西山。②リアクションが女子。収録後にみんなでオムライスを食べに行ったときの仕草や発言が完全に女子でしたね(笑)。③好きなところというか、すごいと思うのは後輩力ですね！ 先輩声優さんに自分から積極的に話しかけに行く姿勢は見ていて感心してしまいますね(´∀`)僕にはできないのでよけいにそう思います！　直してほしいところは、ちょっとここでは言えないですね(笑)。まぁ実際ないと思いますけどね！　そんなに(笑)。④ラジオで僕の地元で一緒に気球に乗りたいって言ってくれたみたいなので、実現できれば！　僕も気球には乗ったことがないので乗ってみたいです(´∀`) ⑤実はあまり深い話ってしたことないよね！ 今度ゆっくりお酒でも飲みながらいろいろ語り合おうか(´∀`)友だちとして、ライバルとして、これからもよろしくね(o^-')b！

## 武内 駿輔

①西山さん ②とても朗らかな方です！　お仕事場ではいつもやさしく接してくださいます。あと面白味とトーク力にも長けていて周りの方々をリラックスさせながらも、面白くいじったりしてくださいます。 ③先輩として様々なところでカバーしてくださるところです！　直してほしいところは自分にはわかりません。④ビリヤードです。 ⑤西山さんは自分がデビューしたときから、いつも現場でまだ何もわからない自分をいつも温かく見守ってくださいました。 それは今も変わらず、いつも感謝しております。いつか西山さんに大きく成長したなと認めていただけるように努めますので、これからもよろしくお願いします。

## 高橋 李依《りえ》

①宏太朗さん、西山さん　②おしゃれ！　宏太朗さんが身に着けてるアイテムとか見て、あ、あれ素敵！と思うことが多いんです。81プロデュースのファッションリーダーじゃないかなって！　③人に対してやさしい発言が多いところが好きです。人の良いところを探したり伸ばしたりできる、サポートの天才！　直してほしいところか…。良いところでもありますが、何でも写真に収めるのが早いところですかね(笑)。共演したメンバーたちの弱みを握ってそう(笑)。④ギャグ作品で共演したい! 絶対面白くなる!!　⑤宏太朗さん！　事務所の朗読劇の企画で初めてお会いしてからもう3年たちますが、いつお会いしても、宏太朗さんは変わらない宏太朗さんでいてくれてうれしいです。作品で一緒になる機会が意外とほとんどなかったので、パーソナルな宏太朗さんばかりの印象ですが、だからこそ、こんなに面白くて楽しくて愉快な宏太朗さんと、いつかお芝居でガッツリ共演したいと思っています！　これからも、宏太朗さんブランドを炸裂させてください！

## 高木 友梨香

①こうたぼ　②一番に思い浮かんだものはキリンですかね。首が長いので、草をむしゃむしゃ食べてるキリンのモノマネがとっても印象的でした。他にも、ラクダ、ミーアキャット、ゴリラ…リクエストすればいろんな動物をやってくれるので(笑)、西山動物園なイメージです(^O^)。あとはカメラ男子！いつも笑顔！スマイリー!!　③好きなところは、ムードメーカー的存在なところ。みんなで楽しく話せるように空気をつくってくれるところ、すごく尊敬してます！　直してほしいところは、収録終わりにスタッフさんたちとご飯を食べに行くとき、何食わぬ顔で「これとーこれとー♪」ってお高い料理もしっかり交えつつ頼んでいたところ。さすが肝が据わっているなと思いました(笑)。あといきなり奇声をあげることがあるのでビックリします。 ④ジャンル問わず、また一緒にお仕事したいですね！一緒にラジオをやっていたころよりも、お芝居もトークもお互い成長してると思うので！　⑤パーソナルブック発売！　おめでとうございます(^O^)。今ではいろんなところで名前を見かけるようになり、これからますます活躍の場を広げていくんだろうなーと思っております！ みなさんを自分の渦に巻き込んでいく姿は見ていてかっこいいです。この本も、ファンの皆さんや支えてくれるスタッフさん、仲間の皆さんとの思いが形になったのでしょう。そんな素敵な本の貴重なページにこうしてコメントを書かせていただき、本当にありがとうございます。これからもみんなに愛される天真爛漫なこうたぼでいてください♪

## 谷口 悠

①こうたろう、こうちゃん、太朗　②幽霊。こうたろうの家にはニヤニヤしながら立ってる男性の霊が居るらしいので…。③好きなところ：素直にいろいろ言ってくれること。例えば「ごめん、ぼーっとして話聞いてなかった！ もう一回言って！」直してほしいところ：ぼーっとするところ。④旅行のナビゲーターをしてほしい！　旅行好きのこうたろうにスペシャルツアーを組んでほしい！ ⑤去年からこうちゃんと一緒にいる時間がすごく増えて、西山宏太朗という人物の面白さを目の前で感じられて幸せに思ってます。これを書いてる明日も君と会うけど、また楽しませてくださいな！

質問はこちらです→①何と呼んでいますか？　②西山宏太朗と言えば○○○！ ③好きなところ・直してほしいところ　④これから一緒にやってみたいこと ⑤ご自由にメッセージを！

## 長妻 樹里

①コウタロウ氏 ②「おばあちゃんホッカイロ」。ポケットにおばあちゃんってマジックで手書きしてあるカイロ入れてました。おばあちゃんの似顔絵付きで。「これを書くことによってさらにぬくもりが増す！！」と力説されて、ユーモアのある子だなぁと思いました。…ちなみにそのときカイロは若干冷たくなってました(笑)。③好きなのは、親しみを持てるところ。コウタロウ氏はいい子なんだ…。直してほしいのは女子よりも女子力高いところ。ラジオ収録の合間にリップクリームを塗る仕草は誰よりも女子だった…。④ローリュー部の布教活動。発足から1年、活動全然してないよ!!! いい汗流しにいこうぜ!! ローリューの素晴らしさをもっと広げていこうぜー!!! ⑤コウタロウ氏、2hでは本当にお世話になりました!! 毎週3人で集まれるのが本当に楽しくて、いつも笑ってたなぁ。3人がすぐに仲良くなれたのもコウタロウ氏の温かい人柄のおかげ!! 本当にありがとう！ また近いうちにローリュー部で集まりましょうね！

## 中島 ヨシキ

①宏太朗。発音的にはこーたろー。②愛され系男子！ 宏太朗の頭の中には、いつでも面白いことが渦巻いてるんだと思います。それが時にたくさんの人を動かすんですよね。でも、誰もイヤがらない。愛されてるなあ。面白いことが渦巻きすぎて、突拍子のないことにもつきあわされますよ！ 僕も急に宏太朗に誘われて、昼の上野で2人で飲んだことがあります(笑)。③自由気ままに見えて、すごく周りを冷静に見てるところ。気づかいの人ですね。尊敬してます。ただ、急に「この人ヨシキに似てない～？」っていろんな人の画像を送ってくるのはやめてください。だいたい微妙に似てないから。④声優としてのお仕事も舞台も、もう一緒にやったことがあって、ユニットを組んだり、キャラクターソングも一緒に歌ったりと、宏太朗とはいろんなところでいろんなことをやらせていただきました。だからこそ、もっとガッツリ、お互いのことを話してみたいなって思います。ラジオとか！ どうでしょう(笑)。⑤パーソナルブック発売おめでとう！ 素敵な本になるんだろうな！ 楽しみ！ これからも楽しいこと、一緒にやっていけたらいいなーと思ってます！ P.S. 俺の本が出たときはぜひ何かしてくださいお願いします。

## 寺島 拓篤《たくま》

①西山くん ②マッシュルーム禁止。ビックリ。③急に話が変わるところ。好きだけどやばいよ！ ④西山くんのトークをただただ聞いてみたいです 宏太朗の部屋(笑)。⑤焼き肉おいしかったから、また行きたいね。

## 土師《はし》 亜文《あふみ》

①西山 ②「ハロプロ」知り合ったころからお互いにHello!Projectの大ファンで、今でも会話の9割はハロプロトークなので。「自撮り画像」…たまに盛れてる自撮り画像を送ってきて採点を求めてくるので。「らくだ」。似ているので。③好きなところは、心が広くやさしいところ、変なテンションで絡んでもすぐにそのノリに乗ってくれるところ。直してほしいのは、自分の過去の発言を忘れるところ、急にテンションが下がるところ。④2人でハロプロの過去、現在、未来についてひたすら語るラジオ。⑤一緒にハロプロのアイドルを目指してやってきたあなたがこんなすごい本を出すまでになるとは非常に感慨深いです。これも、日々盛れる自撮り画像を追求してきた賜物ですね。たくさんの夢を実現して輝くあなたの姿にいつも励まされています。これからも一緒に楽しい世界を創っていきましょう。頑張っていきまっしょい。

## 春野 ななみ

①西山さん。②アイドル。アイドルの話をしているときの西山さんめちゃめちゃ真剣な顔してて印象深いです。本当にお好きなんだなーって思います。③お姉ちゃんなところ。話をすごく聞いてくれるし、やさしいのにツッコミ方が鋭いとこが好きです。直してほしいところはないです。あ、でもたまに見開いてるときの目が怖いです。④西山さんと、ってなるとあれかもしれないですけど、舞台とかに立ってるのを見たいです。あまり普段のイメージじゃない役柄とかで。怖い顔の西山さんを見たいです。⑤いつもかまってくれてありがとうございます。ほんとに助けられてます。あとコミュ力を少し恵んでいただけないでしょうか。2%くらいお願いします。

## 羽多野 渉

①宏太朗 ②3rdシングル『君はぼくが帰る場所』のMVに“ノーギャラ”で出演してくれたやさしい男。好評販売中です。③イベント中のハイテンションと、その日の朝のローテンション。④宏太朗が主演のMVを撮影することになったら、モブで出演させてほしい。⑤もちろんギャラは…適正価格でいただきますけど(笑)。ウソウソ。また楽しい仕事を一緒にやろう！

## Machico

①宏太朗氏 ②鶏ハム。以前文化放送さんで『2h』という番組を私と長妻樹里さんの3人でやらせていただいたときに、よく打ち合わせの最中にコンビニで買った鶏ハムを食べていました！ ③とにかくやさしいところです！ 同い年ということもあり、よけい話しやすくて。私なんかより全然女子力高いですし(笑)聞き上手で話上手でやさしいので、ラジオでご一緒させていただいていたときもすごく楽しかったです！ ④ローリューもそうですが、ボルダリングとかホットヨガとか。美容や体にいいものを巡る旅もしてみたいです！笑顔で一緒に行ってくれそう!! ⑤とてもやさしくて話しやすい宏太朗氏！ この前たまたま文化放送でお会いしたとき、黒茶のティーバッグをくれましたね！ おいしかったです！ まだ2hメンバー(長妻樹里さん、私)でローリューに行けていないですね。お忙しいとは思いますが、早く行きましょう!!

## 増田 俊樹

①西山さん ②ないです。③ないですね。④特にないですね。⑤最初はぐいぐいこられてめんどくさい後輩だと思って距離をとっていました。ですが『防衛部』で再び共演できて、言ったことをしっかりやる子だしコミュニケーション能力の高さにもとても驚かされ、今ではかわいくない後輩のひとりです。かわいくないというのはライバルだから、ということだよ。正直、君に勝る部分が自分には見つからないのだけど、これからも君に負けない先輩として頑張ります。気分屋ですがよろしく。

## 比留間 俊哉

①こーたろー ②西山さんと言えば…うーん…わりと…巨乳。③笑い方が若干オネエなところが好きです。お腹まわり、もうちょっとやせようね。④ラジオに呼んでくれよォ！ あと一緒にスポーツなんかもしてみたいかも。⑤こーたろー！ なんかあんまり思いつかなかったよ！ ごめんな(笑)。パーソナルブック発売おめでとう!! やったね!!

山本 和臣

①西山くん、たろりちゃん ②首。チャームポイント。③好きなところは、期待に応えようと頑張るところ。というか全部。直してほしいところはありません。④アスレチック ⑤目指すものや届けたい思いがあって、それに向かって尽力している姿は、とても素敵です。悲しそうな目も時々見たいですが、やさしい笑顔のほうが好きなので、どんどんふりまいてください！

山北 早紀

①こーにぃちゃん、ヤンマー ②「スヌー〇ー」。お顔がそっくりです！「バナ〇マンの〇村さん」。髪型とモノマネが似ていた！ ③好きなところ→話しやすいところ、毒舌だがつっこみの中に愛がある（であろう）ところ。直してほしいところ→あれ…特にないです。④また一緒にラジオがやりたい!! ⑤こーにぃちゃん、お元気ですか（笑）。すっかり売れっ子イケメン声優になられて、輝いていますなぁ。いつもニヤニヤしながら活躍を見守っております！ また一緒にわいわいしましょう!! さきさま(^_^)

misono

①タロリ ②パンツのゴム ③『ジュエルペット マジカルチェンジ』の声優のレギュラーのメンバーはみんな女性だったのに、お互い気を使うこともなく、違和感もなく、みんなタロリを“女の子”だと思って接してたくらい（笑）なじんでたから、他の男子にはないやさしさを持ってらっしゃいます！ 直してほしいところは、女子力が高すぎるところ。④キャラが好きだし、声のファンなので、また声優のお仕事でご一緒したいです！ ⑤私の声優デビュー作品でタロリと共演するシーンが多かったので、特に迷惑かけました。「ルナ」がmisonoで、申し訳なかったけど…、これからも“女友だちとして”よろしくお願いします！

ランズベリー
アーサー

①こうたろう。最初は“西山さん”呼びだったのが、一緒にユニット活動をしたりしているうちに自然と名前呼びに。②笑顔！ こうたろうの笑顔は場を明るくします。サンシャインスマイル！ サンシャイン西山!! ③一緒にいるとほんわかした空気になるところが好きです。とても落ち着く。直してほしいというか、出会ったころから意外だな～って思っていたのは、人づきあいはそんなに良くないところ（笑）。④ユニットとかで一緒の仕事をする機会はありましたが、アフレコでは一緒になる事が今まであまりなかったので、いつか同じ作品でメインキャストをはってみたいですね。あと、一緒にアフリカとか行ってみたいです。⑤パーソナルブック発売おめでとう！ 養成所の時から一緒で、もう出会って5年経つけど、だんだんと大人になっていくこうたろうを近くで見ているからこそ、友達としても同期としてもうれしいし負けてられないって思うよ。もっと一緒に面白いことをやったりしたいね。長いつきあいになると思うけどこれからもよろしく！

米内 佑希

①こーちゃん ②「マッシュルーム」。少し前までトレードマークのようなきのこヘアだったから。「モー娘。」。言わずと知れたハロヲタだから。「才能のかたまり」養成所時代に初めて出会ったときからこーちゃんの才能にピンときて、友だちになろうと猛アタックした思い出があり、現在の多方面での活躍ぶりには「ほらね！」という自慢にも近い思いがあるから。③物腰が柔らかくて、人の気持ちを考えられるやさしさと、とてもまっすぐな人柄。そして結構考えたのですが…なおして欲しいところはありません♪ ④番組を持って一緒にロケに行きたい！ ⑤こーちゃんと出会ってから、もう丸6年。最初は冷ややかだった（笑）目線もだんだん温かくなり、今ではかけがえのない友人です。声の仕事はもちろん、映りやエッセイなどもやってのける多才なこーちゃんからは、本当にたくさんの刺激をもらっています。これからも、良き友、良きライバルとして切磋琢磨《せっさたくま》していけたらいいな！ いつまでも変わらずに魅力いっぱいのこーちゃんでいてね！

吉田 仁美

①こーちゃん ②「人拓」。以前ご一緒させていただいていた『2h』というラジオ番組で、魚拓ならぬ人拓をとって来いとの指令を受けたときのリアルな出来栄え！ あの衝撃は忘れられません。むしろ軽いトラウマです。軽トラです。謝って!!（笑） ③どんなことにも丁寧で誠実なところかな。また、どんな場面でもあきらめないところ、とても尊敬しています。ただ、やりすぎるところは否めませんね！ ④出会いがラジオでしたので、またいつかラジオでご一緒できたら良いなぁと思っています。⑤パーソナルブック発売おめでとう!! こーちゃんとご一緒していた毎週水曜日は、とても楽しい時間でした。メインパーソナリティの席に座らせてもらっていたのは私でしたが、こーちゃんの力はとてもとても大きかったよ。良いところをぜひそのままに、さらに大きくなっていってね。いつでも応援しています。

質問はこちらです→①何と呼んでいますか？ ②西山宏太朗と言えば〇〇〇！ ③好きなところ・直してほしいところ ④これから一緒にやってみたいこと ⑤ご自由にメッセージを！

Ray

①たろす、たまに西山くん。②素直！ 一緒にラジオをやってるときから思っていましたが、何でも素直に受け取って素直に感想を伝えてくれる人だな、と。たまにお菓子とか持っていくと、好きなものはわかりやすくたくさん食べてくれました（笑）。（そのときはグミでした）③好きなところは、何事にも一生懸命なところ！ どんな無茶振りにもまっすぐ一生懸命にぶつかっていくところは尊敬しています。無茶振りした側なのに、たろすの本気具合に思わず「頑張…！」って応援したくなるくらいです。 直してほしいところは、いつかのラジオで「敬語やめます」と宣言したにもかかわらず、ずっと敬語なところ。いつになったら敬語やめてくれるのかな!?（泣） ④共演!! たろすが出演する作品の主題歌はまだ歌ったことがないので、たろすが声優として、私は主題歌アーティストとしてひとつの作品で共演してみたいですね。そしてその作品の推しキャラについて語り合いたいです！！！ ⑤パーソナルブック発売、本当におめでとう！ なんだか私もうれしい。「僕のウィキ〇ディアがない！」と言っていたのが遠い昔のようだね…（笑）。男女共に愛されている印象が強いたろす、これからも愛されキャラでたくさんの人に癒やしと笑顔を届けてくださいっ。頑張れたろすっ☆.+

STAFF

## 橋満 克文

RRJ

①コータロー　②ストレートに答えると、ツナ大好きなのでツナ。それ以外だと、やさしい笑顔。なんか自分で書いていて気持ち悪いですが、いつもやさしい表情で人と接しているイメージです。③好きなところは、人知れず一生懸命努力しているところ。頑張る姿を人に見せていませんが、イベント前や収録前に弊社のスタジオにこもって練習していたりしていました。自分の演じたキャラクターに愛情があるところと、自分の声がのる作品がどのように相手に届くのかを一生懸命に考えてくれるところも好きです。直してほしいのは、あえて書くと、ダイエット中にスタジオのお菓子を見ているときのあの「目」。そこまで我慢しないでいいのにな一と思わず笑ってしまいました。④弊社では西山くんとラジオと朗読を制作させていただいていますので、一緒に楽しい作品をどんどん生み出していきたいです。個人的にも西山くんの朗読のファンでもあるので、ファンの皆様と一緒に応援して行きたいと考えています。⑤コータロー、僕は西山宏太朗という人間に出会えて、夢に向かって努力する人の新たな姿を見せてもらっている気がします。いろんな人の気持ちや意見をやさしい気持ちで受け止めながら、自分のやりたいことを実現していくのはとても難しいことだと思いますが、コータローならできる。僕もファンの皆様と一緒に応援し続けますので、これからも仲良くしてください。ファイト！（コメントに推薦してくれてありがとー！）

Friend

## 友人 Sくん

①こうちゃん　②首長族の長、首が異常に長いので（笑）。③仕事を熱心かつ、楽しみながらやっているところ！　明るく盛り上げ上手なところが好き！　なおしてほしいところはラーメンをすする音が人より大きいところ…。④こうちゃんライブ2016（個人開催）　⑤どうせ死ぬまで仲良いと思うので、これからもよろしく！

## 若井 友希

①こうにいちゃん！　A&Gのラジオのパーソナリティを一緒やっていたときにこのあだ名になりました！　②ハロヲタ!!!!!!!!　モーニング娘。'15のずっきー推しだってよく聞いてました。③好きなところ→誰にでもやさしいところ。ナチュラルにトークが面白いところ。特につっこみが面白いところ。i☆Risファンなところ（笑）。直してほしいところは、悔しいけど出てこないです…。④アイドルとしてコラボ（笑）。⑤パーソナルブック発売おめでとうございます!!!!!!　どんどんスターになっていってて一緒にラジオをやれてたことが誇らしいです！　私も負けないように輝きます！　またi☆Risと番組やりましょー！　またライブ来てください!!!!!

Friend

## 友人 Tくん

①こーたろー　②食いしん坊→つねによく食べ、体重を気にしてるイメージ。怒らない→本気で怒っているところを見たことないから。適当（いい意味で）→おおざっぱで細かいことを気にしないから。フレンドリー→誰とでも仲良くなれそうだから。③好きなところ→適当なところ。直してほしいところ→部屋が汚いところ。④旅に出る、おいしいものをたらふく食べる。⑤どんなに有名になっても適当でおバカな西山宏太朗でいてください（笑）。

STAFF

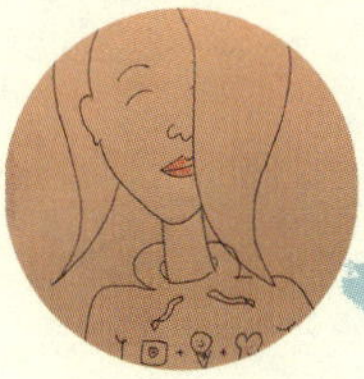

## 門馬 史織

文化放送

①西山くん。宏太朗くん　②「下北沢」。西山くんが下北沢ツウ？ということで、番組で街案内をしてくれました。ただ、紹介したいお店は、こぞってお休み。道にも迷い、本当に「通」なのか、疑問が残るロケでした（笑）。「人拓」。番組のどんなムチャ振りにも体当たりでこたえてくれました。自宅で、魚拓ならぬ自分の「人拓」をとってきたときには、驚きを超えて、若干ひきました（笑）。今でも、そのまっすぐさはそのままだと思います。③好きなところは、面白い番組にしようといろいろ考えて、何でも一生懸命やってくれるところ。直してほしいところは…スタッフを番組に巻き込もうとするところ（笑）。④まずは「たろゆめ」で、とにかく楽しい時間を一緒に作っていけたらいいなと思います。⑤「ウィキペディアができない」と言っていたころが懐かしいですね！　これからも声優として、どんどん活躍の場を広げて、みんなから愛される、人気者になっていってください！

STAFF

## 坂東 敏和

RRJ

①こーたろーくん　②彼が大好物の「ツナ です。弊社のWebラジオ『西山宏太朗と土師亜文と米内佑希のハピラジ！』でも自己紹介は「ツナツナツーナ！　西山宏太朗です！」と言ってます。あと、よくスタジオでアイドルのダンスのマネをしていま いつかは振付けの仕事もするんじゃないでしょうか。③好きなところは、もの ごく頑張り屋さんなところ。なのにそ を表に出さないところがクール！　直 てほしいところは、スタジオで米内佑 くんといちゃいちゃするところ。見て て妬きます。④弊社の朗読サービ kikubonにて、もっともっとたくさん 山さんと朗読作品を作っていきたいの Webラジオ「西土米のハピラジ！」を長 続けていきたいですね。⑤朗読もWe ラジオもいつも頑張ってくれて、とて 感謝しています！　これからももっと のお仕事で楽しいことをしていきまし う！　ご活躍をお祈りしております。

STAFF

## 杉江 拓哉

この本のカメラマンさん

①西山さん　②ナポリタン。彼のお母さんが作るナポリタンは絶品でした。③好きなのは、やさしく誠実なところ。直してほしいのは、やさしすぎるところ。失礼な人などにはもっと怒ってもいいと思うよ！　④西山宏太朗パーソナルブックvol.2の撮影。楽しみにしています。⑤毎回、撮影のたびにカメラに向ける表情がよくなって驚きます。声のお仕事以外にも様々なお仕事があってたいへんですが、まっすぐな西山さんのままで、素敵にキャリアを重ねてください！

JUNON

## 担当編集A

STAFF

①西山さん　②くしゃっとした笑顔！　『声優ＪＵＮＯＮ』での初めての取材から、キラキラした笑顔に完全ＫＯでした…。③好きなところは、素敵な誌面のためにいつだって全力なところと、西山さんの周囲に放たれるやわらかいオーラ。直してほしいところは、ありません。④ＪＵＮＯＮ本誌で、どどーんと西山さん特集！　どうでしょうか、編集長…！　⑤この本の制作でやりとりしていて、その引き出しの多さに驚かされました。西山さんのパーソナルブックをつくらせていただいて、編集者として本当に幸せです。お疲れさまでした。そして、ありがとうございました。この本で、ひとりでも多くの人が笑顔になりますように！

KIRA

5

April 2016

キラ☆キラ　2016年5月号（毎月某日発売）
5月某日発売　第1巻頭1号

編集人・西山宏太朗
発行所・主婦と生活社

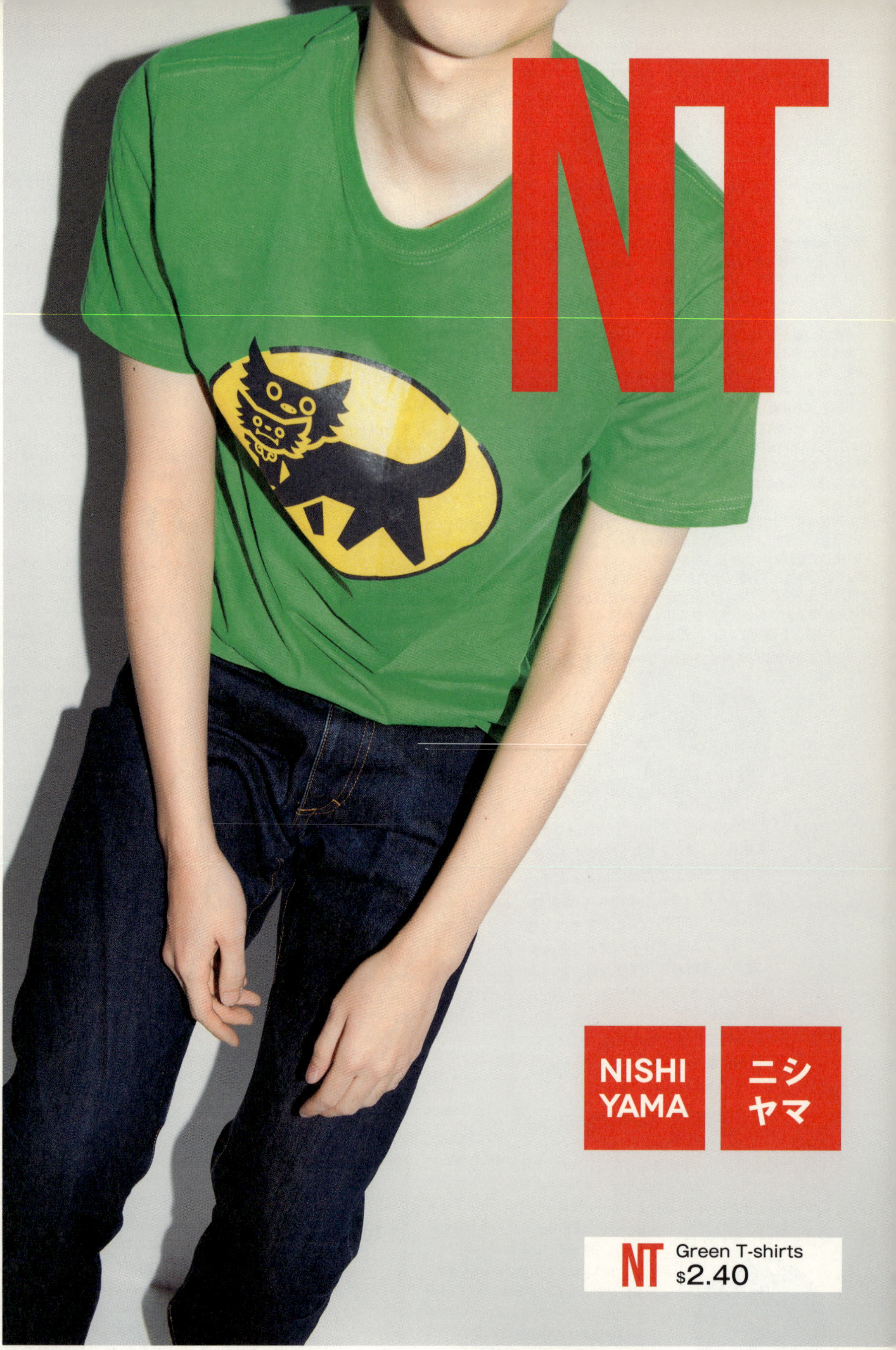


TAKE FREE



Printed in Japan

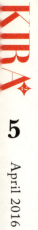

西山宏太朗が育った場所

スクール・ゾーン
文

ありがとう

スクール・ゾーン
文
横浜市

小学校の帰り、
友だちと話しこんだ坂道。

すぐ仲良くなる。

Lee

いきつけの駄菓子屋さん。

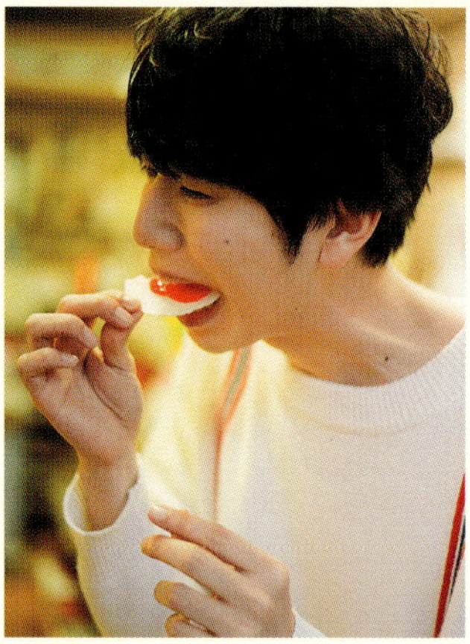

おいしい焼き鳥屋さん。

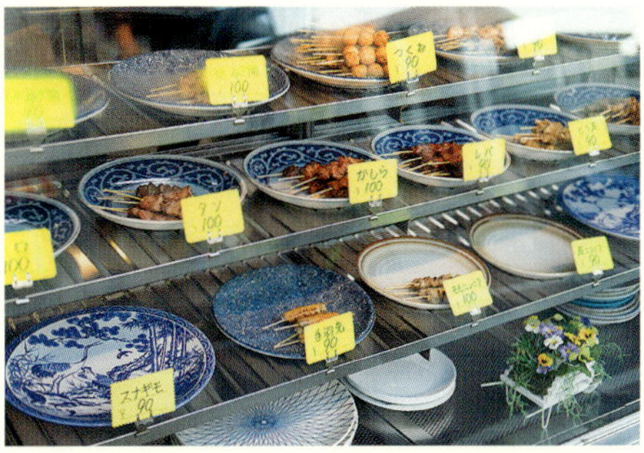

この先

よく通った抜け道。

大好物。お母さんのナポリタンと
わかめスープセット。

# KOUTARO'S Gallery

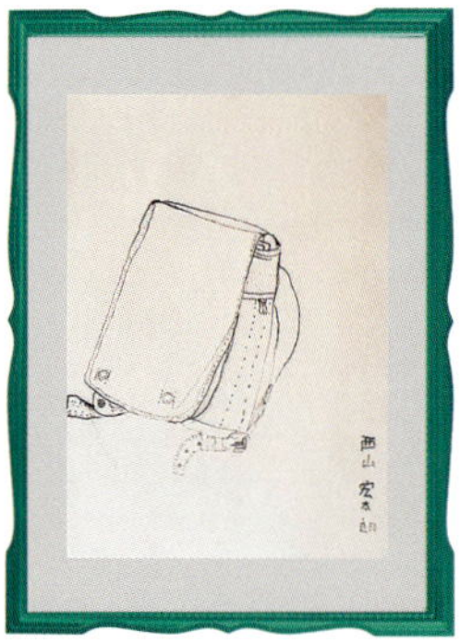

賞
ろう読が上手!!で賞
西山 宏太朗
あなたは「ごんぎつね」
をはじめ、いろいろな
場面で気持ちの込
もった上手なろう読
をすることができました
ここに賞します

ずっと宝物。

明るいお母さんに

みんなに愛嬌をふりまいて、かわいくて仕方ない子どもだったよ。でも、指しゃぶりがずっとやめられなかったねぇ(笑)。私のマニキュアを「塗ってー！」って言ってきたから「じゃあ、もうしゃぶっちゃだめなんだよ！」って塗ってあげたら、そこから本当にしゃぶらなくなって。素直で単純なところは、今も変わってないのかもね(笑)。
最近はなかなか実家に帰ってきてくれないけど(笑)、見守ってますよ。いつだって応援してるよ。あ、この前ね、宏太朗のプロデュースしたカレーもお父さんと食べに行ったんだよ！　いっぱい勉強して、仲間を大切に、頑張ってください。いつまでも、大好きな仕事ができるようにね。

やさしいお父さん。

お姉ちゃんとお兄ちゃんにかこまれて

昔の写真を見ると、こんな顔してたなってしみじみするなぁ。宏太朗が載ってる雑誌は見るけど、小さいころの写真なんて最近見なかったから。小さいころから、一緒にキャンプも行ったしスキーもやったよな。楽しかったなぁ。

中学卒業の時期にやりたいことを見つけて突っ走って、それが今できてるっていうのは、たいしたもんだ。うまくいくのかなって不安だったよ、正直。結果論になっちゃうけど、宏太朗を信じてよかったと思う。でも、まだまだこれからだから。年を重ねても声優としてやっていけるのかが勝負だね。もしも、宏太朗の声が出る限り一生やっていける仕事だとしたら、未来は明るいな。

なかなかこういうことを直接話すことはないけど、応援してるんだぞ。番組に出ていればもちろん見るし、雑誌もおんなじの何冊も買っちゃったりしてね(笑)。くれぐれも体には気をつけるんだよ。頑張れ。

# すくすく大きくなりました！

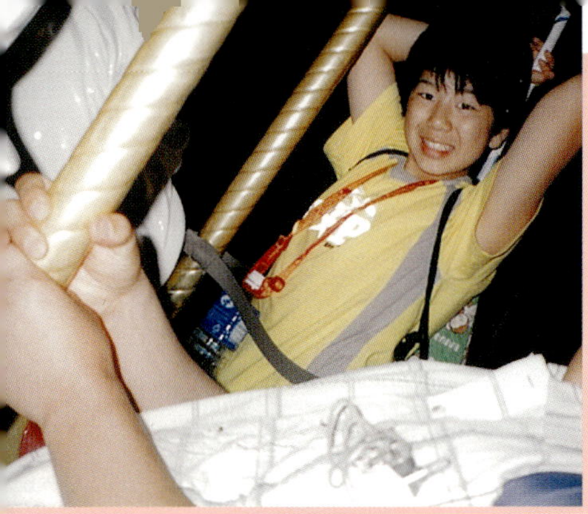

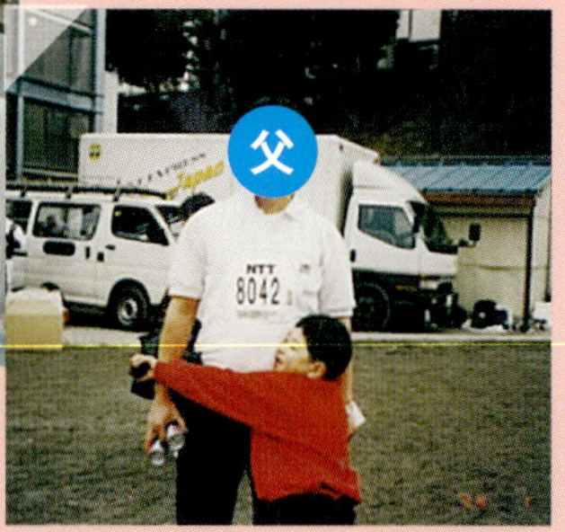

養成所のとき

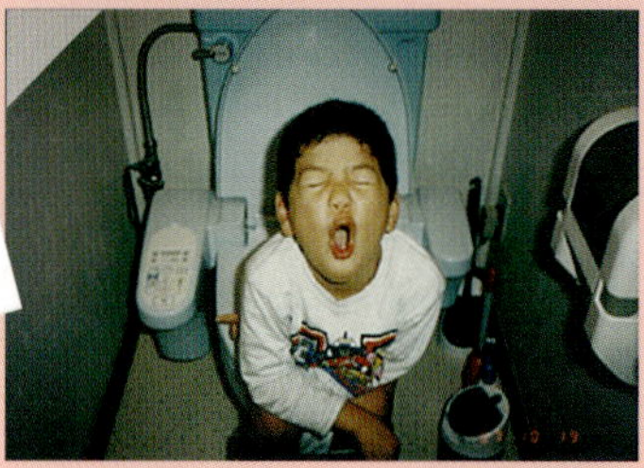

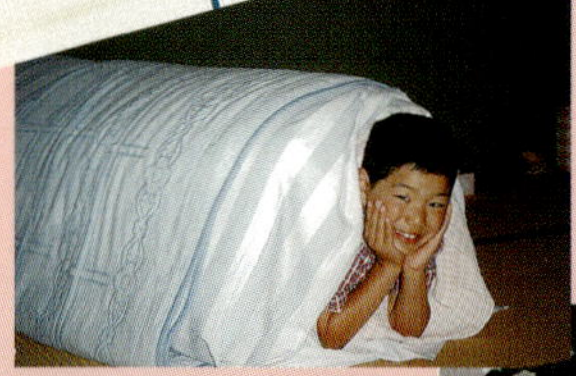

のりまき

よく行ったスキー

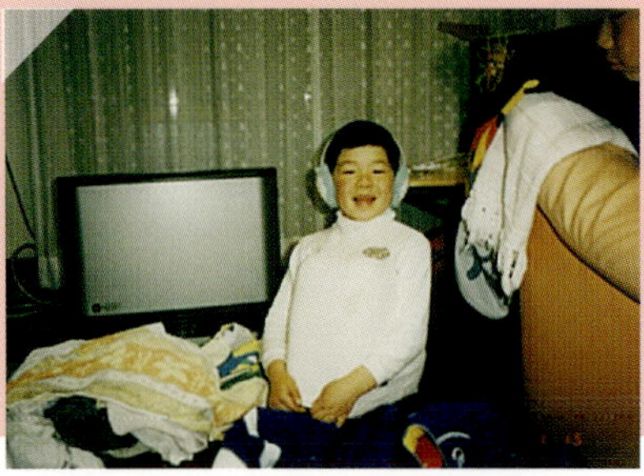

はじめてのおしばい

歯がない……

＼ ピンポーン ／

グサッ

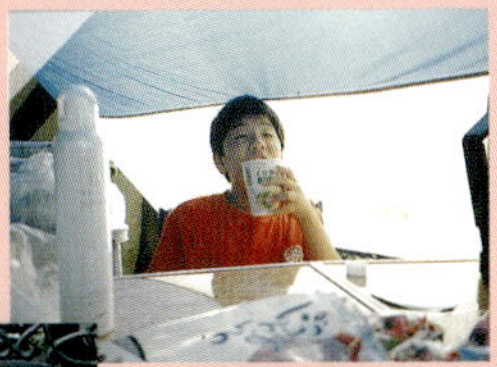

3バカ by 父

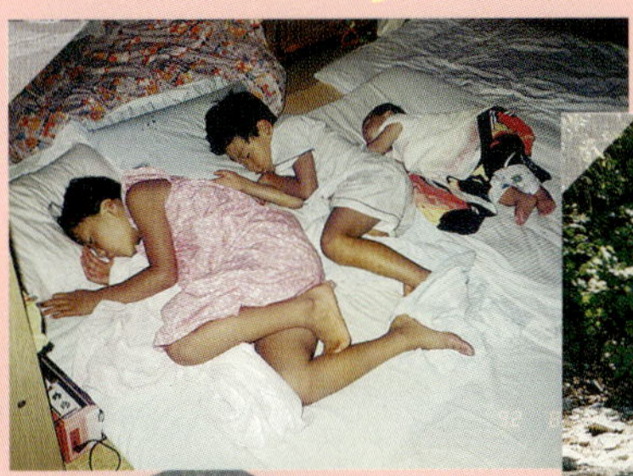

人生で一番ぽっちゃり
している時

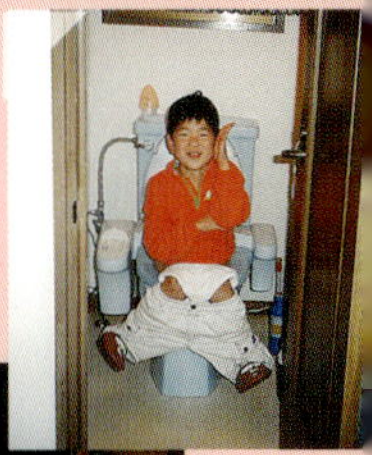

入学式は雨でした

## やさしい家族の愛に育まれて

小さいころの僕は、天真爛漫で目立ちたがりやな子どもでした。姉兄とも年が離れていたこともあって、家族全員から可愛がってもらっていたと思います。幼いながらに「こうすればみんなに喜んでもらえるのかな」とか考えて、それでみんなが笑ってくれたらうれしくて。「ほめられたいから頑張る」みたいな、そういう子どもだったかな。

顔は「目元がお母さんに似てるね」って言われます。それ以外はお父さんに似てるかな。うちの父は本当に怒らない人で、母は元気でいつも明るい人です。僕は両親の悲しい顔とか、すごい剣幕でケンカしてる姿を見たことがないんです。本当にずーっとやさしい世界なんですよね。だから今も実家に帰ると本当に居心地がよくて、ああ、ずっとここにいたいなって思います。

## 小学生のころの夢はパン屋さん

小学校低学年のころは、パン屋さんになるのが夢だった。母がすごくパンが好きなんです。だから「僕がパン屋さんになって、おいしいパンを作ってあげる！」みたいな（笑）。西山家はたまに晩ごはんの主食がフランスパンだったりとかして、食卓にはいつもパンがあるんですよ。今は東京で事務所の近くにおいしいパン屋さんがあるので、帰省するときはそれをおみやげにしてる。そうすると母がすごく喜んでくれるから、つい多く買いすぎちゃうんですよね（笑）。

## 「ろう読が上手‼で賞」

思い出深いのは、小学校４年生のときの学習発表会です。みんなの前で朗読をして、ほめてもらえたのがすごくうれしかった。今でも僕の実家の部屋には、このときもらった「ろう読が上手‼で賞」の賞状が飾ってあります。それをきっかけに、人前で何かをするのって楽しいなという気持ちがだんだん芽生え始めて。そういう行事とかをはりきってやっているうちに、６年生のとき、友だちに「その声だったら声優とか向いてるんじゃない？」みたいなことを言われたんです。そこから自分の中でどんどん興味がわいて、将来は声優になりたいなって思うようになりました。

## ひとり『もののけ姫』ごっこ

漫画とかアニメには、昔から親しんでいました。姉が漫画好きで、クローゼットを開けると少年漫画から少女漫画までぎっしりあったので、それを一緒になって読んだりしてた。アニメは『ポケットモンスター』とか『ちびまる子ちゃん』を毎週欠かさず見ていましたね。

ただ、僕はそこから俗にいう深夜アニメ系のほうには行かず、ジブリとか海外のアニメ作品にハマっていきました。とくに夢中になったのは『もののけ姫』。アシタカの松田洋治さんの声が好きで、男らしい凛としたキャラクターにすごく憧れて。テレビでやっていたのを録画して、何回も繰り返し見ていましたね。

中学になると、アニメを見ながらセリフを自分で文字に起こして、それを読むっていうことをしていました。ビデオを止めては文字を打って、止めては打って。完成したら、アシタカのマネをして「押しとーーる‼」と、部屋で叫んでいました（笑）。ひとり『もののけ姫』ごっこをしながら、楽しいなあ、こういうことをずっとできたらいいなあって。勉強というより遊び感覚だったけど、どこかで未来につながるっていうふうには思っていたかもしれないですね。

## 高校時代は毎日放課後に特訓

高校では声優放送コースを専攻しました。その学校に進学したのは大きな一歩だったかなと思います。両親は「自分がやりたいと思うなら、やりなさい」と背中を押してくれました。不安はなかったです。そのときの僕はもう、よくわからない自信に満ちあふれていましたね。人生キラキラしてて絶対にうまくいくんだ！と（笑）。とにかく声優になりたい一心で突っ走ってました。

そうやって熱意をもって取り組んでたら、１年生の終わりごろにある先生が声をかけてくれて、放課後にレッスンをしてくれることになったんです。それ以来、授業が終わってから３時間ぐらいブースにこもって毎日練習していました。それを約２年間ずっと続けて。友だちと遊びたいし、バイトもしたい時期に、正直きついなと思うときもあった。でもそれを続けることができたのは、絶対に声優になるんだっていう強い思いがあったから。そしてそんな僕を見込んで練習につきあってくれる先生がいてくれたから。大変だったけど、その経験は自分の糧になったなと思います。

## 大学受験の失敗で決意した

今所属している81プロデュースの声優オーディションを受けたのが、高校３年生の夏でした。そこで特別賞をいただいて、養成所の特待生制度を受けられることになったんです。

でも実はそのころ、大学進学も考えていたんですよ。学校で声優業界のことをいろいろ知るうちに、人間関係がすごく大変そうだなっていう印象を受けて、もしかしたら自分は向いてないんじゃないかと悩み始めてしまって…。自分はもっと安定した職業に就いたほうがいいかもしれない、それなら大学に行ったほうがいいかもしれないって。だから養成所の特待生の件は３月まで待ってもらって、大学受験をしたんです。

でも、結果は不合格。そのとき、母に「これは、そういうことなんじゃない？受かったほうを大切にすれば？」と言われたんです。母はけっこう口ベタなところがあって、真面目な話のときはおちゃらけるタイプだから、きっとグルグル考えた結果、僕の背中を押すためにそう言ってくれたんだと思う。そんな母の言葉に後押しされて、声優の養成所に行くこと

# KOUTARO'S VOICE

を決心しました。

## オーディションに落ち続けて

養成所を経て所属が決まり、最初の数年間はオーディションに落ち続ける日々でした。バイト終わりとかに携帯を気にして、良い報告が入ってなくてガッカリしてました。ただ、養成所の2年目ぐらいから顔出し系の仕事はさせてもらっていたんです。ニコニコ生放送の番組アシスタントに始まり、その翌々年の'12年からはラジオ番組のアシスタントを務めさせていただいて。それはとても楽しい時間だったけど、何より一番やりたかったお芝居の仕事がなかなか決まらない。だから、自分の中では「代表作もないのに、声優と名乗っていいのかな」という葛藤がずっとありました。応援してくださる方や、駆け出しのころから面倒を見てくれているラジオのスタッフさんたちにも、いい報告ができず申し訳ない気持ちでいっぱいで…すごく苦しかったです。

## 初めてメインキャラに抜擢

そんな日々が2年以上続いて、'15年にアニメ『美男高校地球防衛部LOVE!』の鬼怒川熱史役に決まったときはめちゃめちゃうれしかった！　それまで出番の短い役はいくつかやってきたけど、1話30分モノのメインとして、他のキャラクターとのいろんな掛け合いができるっていうのがうれしくてうれしくて、台本をぎゅうっと抱きしめながら帰ったのを覚えています。

アフレコのスタジオの雰囲気もそれまでとは全然違ってました。スタジオの席は、周りに脇を固めてくださる方がいて、メインキャストは真ん中のほうに座るんですよ。そこに座ったとき、こんなにもいままでと景色が違うんだなあと、あらためて気持ちが引き締まりました。応援してくださっていた方や、ラジオのスタッフさんもみんな喜んでくれて。これでやっと「声優の西山宏太朗です」と胸を張って言える。そんなふうに思えて、とても感慨深かったですね。『地球防衛部～』は僕にいろんな出会いをもたらしてくれた作品。鬼怒川熱史というキャラクターが僕を見つけてくれなかったら、今の自分はなかったと思います。

## 先輩に教えられたこと

声優としてのポリシーは、現場を楽しむこと。これは僕が尊敬する柿原徹也さんが教えてくれたことです。柿原さんは、僕がまったく仕事がないころから、本当にかわいがってくださっていたんです。ごはんに連れてってくれたり、僕のボイスサンプルを聴いてアドバイスをくれたりして。本当に何もない僕に「おまえは大丈夫だよ。絶対売れるから」と言って励ましてくれていたんです。柿原さんの支えがなかったら、僕は途中で腐っていたかもしれない。

『地球防衛部～』のアフレコ前日には、柿原さんから「楽しんでこい！」と激励をいただいて。それまでプレッシャーでいっぱいだったけど、その言葉のおかげで「楽しんでいいんだ」と思えた。あと、後藤沙緒里さんにもすごくよくしていただいているので、マイク前に立ったとき、柿原さんと沙緒里さんの顔がふわっと浮かんできて。先輩たちが見守ってくれているんだなと感じて、全力を出しきることができました。

もっともっとステップアップしていつか何かの作品で、僕もメインキャラクターとして、お世話になった先輩方と共演したいと思っています。

## 続けていくことの難しさ

この仕事をやるうえで難しいのは「続けていくこと」です。自分がただやりたいと思っているだけでもダメだし、どうやって新しい一面を見せ続けていけるかというのはすごく大事なこと。たとえば長編のシリーズの場合は、ストーリーの中でキャラクターが成長するにつれて、自分自身もそのキャラクターの姿に見合った成長をしていかなきゃいけないなって思う。だから僕はいつもキャラクターに引っ張ってもらっている感じがします。そのキャラクターをどんどん掘り下げていくと、人を思いやる気持ちとか、新しい感情を教えられたりするんです。そうやって、演じる作品の中でいろんな人と深く関わり続けていくのが、僕はすごく楽しいですね。

## 応援してくれるみなさんへ

声優になってよかったなと思うのは、作品を見ている方に「楽しかった」とか「元気になりました」と言ってもらえたとき。それは僕にとって最高の喜びなんです。みなさんからの言葉でそれを実感できたとき、心から幸せだなあって思います。ファンのみなさんには感謝の気持ちでいっぱいです。いつも、こんな僕をあたたかく応援してくれてありがとう。もっともっと頑張るから、これからも僕について来てください！

## みんなが笑顔になってほしい

僕の声を聴いて楽しんでくれる人がいるかぎり、これからもいろんなキャラクターに命を吹き込んでいきたいです。そして作品をやるたびに「このキャラクターといえば西山だよね」と言われるような、いい意味でクセのある役者になっていきたいです。

この仕事への大きな野望とかはあんまりないかも。ひとつひとつの作品やお仕事を大切にしながら、近い目標に向かって頑張って、それをひとつかなえたら、その先にまた新しいものが見えてくるんじゃないかな。僕はただ、自分でこの仕事を楽しんで、さらにその作品を見ている人たちが楽しんでくれるような、みんながハッピーで楽しい世界を作りたいと思っているんです。

毎日を楽しく過ごしていって、いつかおじいちゃんになったときに、みんなの笑顔の中で自分も笑顔でいれたらいいなって思う。そして、笑って死ねたら幸せ。それが僕の究極の夢です。

台本をぎゅうっと抱きしめて帰った日を、忘れない。

Thank You!

# 西山さん家の宏太朗くん

西山宏太朗

マネジメント：株式会社 81プロデュース
山内春香（81プロデュース）

撮影：杉江拓哉（TRON）

スタイリング：ホカリキュウ【P10～13、P24～34】
ヘア＆メーク：八巻明子（エミュー）

インタビュー・文：山田麻里子
校閲：山角 廣

デザイン：川原経義（Tres amigos.inc）

編集：青沼 綾（JUNON）

*Special Thanks*

『禁断尻ラジオ』関係者のみなさん
『大井町クリームソーダ』関係者のみなさん
コメントをくださった声優・関係者のみなさん
衣装を貸してくれたやぎりん
公園にいたちびっこ、駄菓子屋のおばちゃん、焼き鳥屋さん、
小学校の先生方
西山さん家のお父さん、お母さん
この本を手にとってくれたすべての方


さん家の宏太朗くん
者　西山宏太朗
人　栃丸秀俊
人　倉次辰男
所　株式会社 主婦と生活社
〒104-8357　東京都中央区京橋 3-5-7
☎ 03-3563-5132（編集部）
☎ 03-3563-5121（販売部）
☎ 03-3563-5125（生産部）
http://www.shufu.co.jp/
所　東京カラーフォト・プロセス株式会社
所　大日本印刷株式会社
所　株式会社若林製本工場

N978-4-391-14859-6